¡Hola Papá, Soy Yo!

¡Hola Papá, Soy Yo!

Descubra al Padre
Que Le *Ama* y *Protege*

Julie McGhghy

¡Hola Papá, Soy Yo! Descubra al Padre Que Le Ama y Protege
© Copyright 2021 Julie McGhghy

Todos los derechos reservados. Ninguna parte de esta publicación puede ser reproducida, distribuida o transmitida en ninguna forma o por cualquier medio, incluyendo por fotocopias, por grabaciones o por cualquier otro método electrónico o mecánico, sin previo permiso por escrito de Julie McGhghy (la autora), excepto en el caso de una breve cita incorporada en reseñas críticas y algunos otros usos no comerciales permitidos por la ley de derechos de autor.

Aunque la autora ha hecho todo lo posible para asegurarse de que la información en este libro sea correcta en el momento de su publicación, la autora y *Confidence Publishing* (la editorial) no asumen y, por lo tanto, renuncian a cualquier responsabilidad ante cualquier pérdida, daño o interrupción causada por errores u omisiones, ya sea que, dichos errores u omisiones sean resultado de negligencia, por accidente o cualquier otra causa.

Ni el autor ni el editor asumen responsabilidad alguna en nombre del consumidor o lector de este material. Cualquier descrédito que se perciba hacia cualquier persona u organización es puramente involuntario.

Los versículos de las Escrituras citados son de la versión Reina-Valera (RVR 1960) a menos que se indique lo contrario. Los versículos de las Escrituras marcados (AMP) pertenecen a *Amplified Bible*, [Biblia Amplificada y su traducción se encuentra disponible en español], *Copyright*©1954,1958,1962,1964,1965,1987 por la Fundación Lockman. Los versículos de las Escrituras marcados con (RVR 1960) y (AMP) son de la Edición Paralela de la Versión Reina Valera / Biblia Amplificada, *Copyright* © 1995 por *The Zondervan Corporation*. Los versículos de la Escritura marcados (NVI) son de la Santa Biblia, Nueva Versión Internacional®, NVI® *Copyright* ©1973, 1978, 1984, 2011 por *Biblica, Inc.*®. Usado con autorización. Todos los derechos reservados.

Para más información, envíe un correo electrónico a julie@confidenceingod.com
Publicado en West Chester, Ohio.

Datos de Catalogación de la Biblioteca del Congreso
Nombre: McGhghy, Julie, autora.
Título: ¡Hola Papá, Soy Yo! Descubra al Padre Que le Ama y Protege
Descripción: West Chester, Ohio: Confidence Publishing [2021]
Identificadores: 978-1-7377361-0-3 - English Paper Back /978-1-7377361-1-0 - English EPUB
978-1-7377361-2-7 - English Hardback / 978-1-7377361-3-4 - English Audiobook
978-1-7377361-4-1 - Spanish Paper Back / 978-1-7377361-5-8 - Spanish EPUB
978-1-7377361-6-5 - Spanish Hardback / 978-1-7377361-7-2 - Spanish Audiobook

¡OBTENGA SU RECURSO GRATUITO!

A lo largo de este libro comparto cómo Dios me ha criado y lo animo a considerar en oración cómo Él ha estado allí para usted también.

Si a veces se encuentra con que le hace falta confianza en que Dios quiere escuchar sus oraciones o en que Él escucha y responderá a sus oraciones, le invito a ingresar a este recurso gratuito que he creado para usted.

Los lectores que descarguen y lean *Cómo Tener Confianza en Su Vida de Oración* serán alentados a aprender que Dios no espera oraciones perfectas, sino que podemos acudir a Él en nuestro quebranto y que Él nos concederá sabiduría y entendimiento.

También encontrarán una variedad de ejemplos bíblicos de oraciones que pueden ayudarlos a encontrar la mano paternal de Dios en su vida.

Puede obtener un ejemplar al visitar:
http://confidenceingod.com/es/heydad/

Dedicatorias

A mi esposo, quien caminó conmigo a través de todo tipo de locuras mientras me guiaba hacia mi Padre celestial. Y quien ha sido un maravilloso padre para nuestros tres hijos y un increíble abuelo para nuestros ocho nietos.

Tu constante amor y apoyo me dieron fuerza para volver a caminar a lo largo mi vida y encontrar a Dios en cada paso, incluso en los más difíciles.

¡Sigues siendo el mejor!

Al Reverendo Norman R. Paslay II, ¡qué diferencia hizo en mi vida!

Su dedicación hacia su familia fue un hermoso ejemplo para mí. Y su compromiso de enseñar a otros cómo vivir de acuerdo con la estructura establecida por Dios para la familia, me permitió mirar y examinar mi destrozada formación y encontrar a Dios en cada momento.

Gracias por enseñarme a escuchar la voz de Dios y por alentarme a escribir este libro.

Prólogo

En sus manos sostiene un libro que creo que aborda una de las necesidades más profundas y comunes en la Iglesia de hoy. Pablo escribió a los Corintios que «no tenían muchos padres». Las cosas no han cambiado para el pueblo de Dios en los siglos que han pasado desde que esas palabras fueron escritas por el gran apóstol. Aunque las palabras de Pablo tenían un contexto espiritual en la época en que escribió, esta frase encapsula la triste realidad de nuestro mundo, incluso dentro de la Iglesia.

Aunque, personalmente fui bendecida con un padre terrenal increíble, me di cuenta a una temprana edad de que no todo el mundo era tan bendecido como yo. Lamentablemente, para muchos el concepto de Dios como un Padre Celestial produce una mezcla de emociones. Para algunos, la idea es insoportable o incluso indeseable. Esto se debe a que su padre natural ha estado ausente de alguna manera, o a una devastadora decepción.

¿Cómo pueden los que sufren de esta manera conciliar el dolor de su realidad con la promesa de un Padre Celestial que los ama incondicionalmente? Este libro lo ayudará a encontrar las respuestas en la fuente más confiable, la Palabra de Dios. Por medio, de las cartas de Julie a su padre, ella abordará abiertamente las múltiples formas en que Dios ha llenado ese vacío en su propia vida. Lo hace con gran destreza, no sólo a través de su testimonio, sino que dirigiéndonos a la carta de amor que Dios, nuestro Padre, nos ha escrito a todos.

David escribió en el Salmo 27:10: «Aunque mi padre y mi madre me dejaran, con todo, Jehová me recogerá.». Este es el testimonio de Julie, y puede ser el suyo también. Independientemente de lo que haya sido o no su padre terrenal, creo que este libro puede ayudarlo a enfrentarse a la realidad. Que todos tengamos una revelación personal del profundo amor de Dios por nosotros y nos identifiquemos con Él como nuestro propio *Abba, Padre*.

Rev. Kristen Ellis, Pastor, *The Calvary Church*
[Iglesia El Calvario] Cincinnati, Ohio

Índice

Introducción . . . 1
Un Encuentro Irreal

1 Poniéndose en Contacto: . . . 5
Presentando a Mi Padre Celestial

2 Características Heredadas: . . . 15
Seremos como Él

3 Amor Incondicional: . . . 33
Él le Ama con un Amor Eterno

4 Religión Versus Cristianismo: . . . 43
Cómo Vivimos la Diferencia

5 Figura de Autoridad: . . . 59
Él es la Fuente de Nuestro Apoyo y Guía

6 Límites: . . . 73
La Amorosa Fuente de Seguridad de Dios

7 Más Allá de los Límites: . . . 85
La Protección de Dios

8 Un Lugar de Seguridad: . . . 105
Dios es un Refugio

9 De Acuerdo con las Cifras: 121
Somos Más que una Estadística

10 Imagen Propia: 139
¿Qué Ve en el Espejo?

11 Aceptación: 153
No Necesitamos Luchar para Ser Parte de la Familia

12 Identidad: 167
Él Le Da Un Nombre

13 El Amor Transformador de Dios: 177
Convirtiendo Remordimientos en Acción de Gracias

Introducción

Un Encuentro Irreal

¡El encuentro fue irreal! A los dieciséis años me encontraba hablando con mi padre biológico por primera vez. Mi padre se había divorciado de mi madre cuando yo era una niña pequeña, y permitió que el segundo esposo de mi madre me adoptara a la edad de cinco años. Me llamó ese día y me pidió que nos viéramos en un Denny's cercano. No supe qué más decir, salvo: «Claro, estaré allí en treinta minutos». Tomé mi bolso, le dije a mi madre a dónde iba y conduje hasta Denny's para encontrarme con mi padre.

Nunca había visto una foto suya, así que, no tenía ni idea de cómo identificar a mi padre. Estaba un poco aturdida, sin saber qué pensar ni cómo sentirme. Estacioné mi automóvil, salí y me quedé en la acera afuera de Denny's esperando que algún hombre viniera a presentarse conmigo. En cambio, una mujer que no conocía se acercó y me preguntó: «¿Eres Julie?». Me dijo que mi padre estaba esperando dentro.

No comimos en Denny's sino que fuimos a casa de mi abuela materna donde podíamos visitarla. No recuerdo mucho de lo que se habló. Ni siquiera estoy segura de que mi padre y yo habláramos en absoluto. Parecía más bien una reunión entre mi padre y mi abuela. A primera vista, no parecía más que una noche de visita a un recién conocido. Mi padre me abrazó cuando lo dejé en Denny's dos horas después, pero el abrazo no se sintió como un abrazo de amor. Lo sentí como una obligación. Toda la noche fue un poco incómoda. Toda esta experiencia siempre me ha parecido un sueño porque había estado

durmiendo cuando me llamó, y volví a dormir cuando regresé a casa.

Durante los años siguientes a ese encuentro, papá y yo desarrollamos una relación a distancia. Me invitó a su casa de *New Hampshire* cuando me gradué de la escuela. Fue entonces cuando me enteré de que la mujer que me habló afuera de Denny's era su esposa. Además, fue la primera vez que conocí a los hijos que tuvo con esa esposa, los que habrían sido mis hermanastros si papá hubiera seguido siendo mi padre legalmente.

Papá también asistió a mi graduación de la universidad, lo que ocurrió varios años después, ya que no fui a la universidad directamente después de la escuela. Me visitó tres veces a lo largo de los años (incluida aquella noche en Denny's), y yo le visité un puñado de veces. Entre cada una de esas visitas nos comunicábamos ocasionalmente por correo electrónico o por teléfono, pero era difícil desarrollar una estrecha relación padre-hija. Teníamos muy pocos recuerdos juntos; por lo que, teníamos poco sobre lo cual construir una relación.

En el funeral de papá me enteré de otra razón por la que él y yo habíamos tenido tantas dificultades para desarrollar una relación. Se sentía culpable por habernos abandonado a mi hermano Randy, y a mí cuando éramos pequeños, y se había divorciado de nuestra madre. Este sentimiento de culpa impedía que desarrollara una relación estrecha conmigo.

Tras conocer su sentimiento de culpa, elaboré mentalmente cartas que le habría enviado de haberlo sabido. Le conté todas las maneras en que Dios me había criado durante su ausencia, asegurándole que no debía de sentirse culpable. Sin embargo, nunca tuve la oportunidad de escribir esas cartas y compartirlas.

Después se me ocurrió que estas cartas podrían servir para un propósito más grande: ayudar a otras personas que han tenido problemas en sus relaciones con sus propios padres, a ver cómo Dios nos ama y nos cría activamente a lo largo de la vida, a pesar de los tropiezos o fracasos de nuestros propios padres terrenales. Como he enseñado y ministrado durante más de treinta años, a menudo me he encontrado con personas que no se sienten amadas, o dignas de ser amadas porque sus padres no las amaron. Se sienten invisibles. Se resisten a las relaciones estrechas e íntimas porque consideran que esas relaciones son sólo temporales y que siempre terminan con mucho dolor. Temen continuar el ciclo disfuncional porque están seguros de que son como sus padres.

Estas personas suelen transferir estos sentimientos a Dios, creyendo que, como sus propios padres no los amaron, Dios tampoco los amaría, ni siquiera los vería. Aunque puedan declarar por fe que Dios es «Dios, el Padre» y su «Padre celestial», son incapaces de ver que Dios los ha criado activamente. No pueden desarrollar una relación estrecha e íntima con su Padre celestial y no se atreven a soñar con llegar a ser verdaderamente como Cristo.

He compartido mi historia con muchas de esas personas, y la gran mayoría la ha encontrado útil. El propósito de este libro es ayudar a las personas que luchan por reconocer la mano paternal de Dios en sus vidas. Mi historia ilustra que Dios no es sólo nuestro Padre celestial; también nos cría activamente porque nos ama.

Como dije antes, no tengo muchos recuerdos de mi padre biológico. Gran parte de lo que voy a discutir en este libro proviene directamente de él, de cosas que he ido recopilando con el tiempo en mis observaciones o de lo que las personas me dijeron sobre mi padre. Es posible que parte de lo que describo en los acontecimientos, las circunstancias y las características de las personas y los lugares no sea totalmente exacto, ya que los recuerdos humanos no son totalmente exactos, pero se basan en mis experiencias, observaciones y recuerdos a lo largo de toda una vida.

Cada capítulo de ¡Hola Papá, Soy Yo! comienza con una de mis cartas dirigidas a papá en la que le explico porqué no tiene que sentirse culpable por haberme dejado cuando era pequeña. Abordo algún aspecto de la crianza que Dios satisfizo de una manera mucho más grande de lo que papá podría haberlo hecho aun si hubiera estado presente. Estas son cosas que Dios me ha enseñado durante mis años de adultez mientras crecía en mi fe. Las cartas están escritas desde mi perspectiva adulta y como si aún pudiera enviárselas a papá, como si aún estuviera vivo, porque me duele el corazón por no haber compartido esas cosas con él antes de que falleciera.

Cada carta comienza con «¡Hola papá, soy yo!», porque así es como recuerdo haber dirigido la primera tarjeta del Día del Padre que envié a papá cuando tenía catorce años. Acababa de enterarme de que mi abuela materna sabía cómo localizarlo, así que le envié una tarjeta del Día del Padre para empezar a comunicarme con él. Lo único que se me ocurrió decir para iniciar fue: «¡Hola papá, soy yo!».

Después, en cada capítulo, comparto con usted más detalles sobre mis experiencias y las acciones paternales de Dios. Respaldo estas acciones a través de las escrituras que lo llevan a la Palabra de Dios e iluminan el amor paternal de Dios por usted. Me doy cuenta de que tal vez usted no es un creyente cristiano, pero me dirigiré a usted como tal. Es mi forma de mostrarle respeto, de tratarlo como a un hermano o una hermana mientras descubre cómo Dios me crió. Si usted aún no ha entrado en una relación con Dios a través de la salvación, oro para que al leer este libro, desee tal relación y busque en cualquier momento un pastor y una iglesia que pueda guiarlo a una relación con Jesucristo y a la adopción en la familia de Dios.

Asimismo, al leer este libro, lo animo a reflexionar sobre su propia vida y experiencias y a buscar la mano paternal de Dios. Espero que aprenda que, sin importar cuál haya sido su relación con su padre y cómo se sienta con respecto a su padre y a usted mismo, no es un huérfano de padre. Dios lo ha criado amorosamente todos los días de su vida.

1

Poniéndose en Contacto:

Presentando a Mi Padre Celestial

¡Hola Papá, soy yo!

Sé que ha pasado tiempo desde la última vez que hablamos, lo cual no es nada nuevo. Durante muchos años nos hemos puesto en contacto de vez en cuando, pero ciertamente no con frecuencia; sin embargo, cuando nos ponemos en contacto, parece que continuamos en donde lo habíamos dejado. Nada ha cambiado realmente con el pasar de los años. Así que, me vuelvo a poner en contacto, no obstante esta vez con la intención de cambiar las cosas. Esta vez quiero compartir mi corazón, y tal vez podamos conocernos un poco mejor.

He estado pensando en ti durante mucho tiempo, pero no he podido ponerme en contacto contigo. Por eso, me dirijo a ti con la esperanza de volver a verte algún día. Mi propósito al escribir, además de desear que nos conozcamos mejor, es abordar algo que alguien me dijo la última vez que estuve en tu casa. Me dijeron que tener una relación conmigo era difícil para ti porque te sentías muy culpable.

He pensado en eso muchas veces desde entonces, y quiero que sepas que no tienes nada por lo que sentirte culpable. Supongo que si la culpa no se hubiera interpuesto en el camino nos conoceríamos mejor, y sabrías que no te juzgo y que no estoy enfadada contigo por nada que hayas hecho o dejado de hacer. La verdad es que me sorprendió un poco cuando me enteré de que te sentías culpable.

Está claro que no soy psicóloga, pero entiendo desde una perspectiva cognitiva que la culpa es una emoción que las personas experimentan cuando están convencidas de haber causado algún daño.[1] En general, hay cinco causas de la culpa: 1) algo que hiciste; 2) algo que no hiciste, pero quieres hacer; 3) algo que crees que hiciste; 4) pensar que no hiciste lo suficiente para ayudar a alguien; y 5) pensar que estás mejor que alguien más.2 Es posible que la culpa que has sentido provenga de estas cinco causas, pero quiero que sepas que no tienes que sentirte culpable.

Puedo entender que sientas algo de culpa. Estoy segura de que la vida habría sido diferente si te hubieras quedado y nos hubieras provisto de un hogar estable a Randy y a mí. Tal vez habría podido permanecer en una sola escuela primaria y escuela secundaria mientras crecía en lugar de ir a cuatro escuelas primarias y dos escuelas secundarias diferentes. Tuve la suerte de asistir a una sola preparatoria, pero eso fue, únicamente, porque en ese momento solo había una en la ciudad. Recuerdo haber vivido en doce lugares diferentes antes de terminar la escuela. Estoy segura de que fueron más en mi juventud, pero no lo recuerdo.

Tal vez si te hubieras quedado, podría haber continuado con las clases de baile que amaba. No sé qué edad tenía cuando mamá me inscribió, pero sé que tuve que dejar las clases a los nueve años porque nos mudamos de la ciudad. Recuerdo que mamá buscó una escuela de baile en la nueva ciudad, pero nunca me inscribieron en una.

Hay muchos «tal vez» que podría mencionar, pero no lo haré porque no me interesa centrarme en los «hubiera podido ser». Así pues, yo oscilaba entre la pobreza y la vida en buenos vecindarios, dependiendo del estado civil de mamá en ese momento. No viví en ningún lugar el tiempo suficiente para desarrollar amistades cercanas y duraderas.

Estoy segura de que la vida habría sido diferente si hubieras estado allí para criarnos a Randy y a mí, pero no sé si habría sido mejor o peor. Tal vez habría tenido una mejor autoestima, lo que me habría hecho tener más confianza en mí misma y ser capaz de tomar mejores decisiones a medida que crecía. Tal vez, habría sabido mantenerme al margen de situaciones con muchachos y hombres que no sabía manejar en ese momento. Tal vez no me hubiera casado a los dieciocho años. Pero, papá, no quiero que los «hubiera podido» sean la base de nuestra relación. No quiero centrarme en ellos porque estoy segura de que Dios estuvo conmigo en todo momento.

Tú eres mi padre. A pesar de que renunciaste a ese derecho legal cuando yo tenía unos cinco años. En mi corazón, sin embargo, siempre serás mi padre. En tu ausencia durante la mayor parte de mi vida, Dios me crió de una manera que tú nunca podrías haberlo hecho. Me amó con un amor incondicional y eterno que ningún padre por naturaleza puede ofrecer. Me cuidó y me protegió con más consistencia de la que cualquier padre natural podría haberlo hecho. Y cuando las cosas eran difíciles, cuando la vida parecía injusta, Él resolvió las cosas por mi bien. Ningún padre por naturaleza puede hacer estas cosas. Y tú tampoco podrías haberlas hecho.

En las próximas cartas que te envíe, espero explicarte con más detalle por qué no tienes que sentirte culpable. Soy la persona que Dios quería que fuera en este preciso momento. Él continúa moldeándome en la persona en la que quiere que crezca.

Bueno, supongo que he compartido lo suficiente para este primer contacto. Me pondré en contacto pronto.

De mí, ¡la que siempre quiso ser «tu pequeña»!

Un Poco de Trasfondo

Bienvenidos. Gracias por acompañarme en este viaje a través de mis memorias, observaciones y realizaciones de cómo he sido criada, a pesar de no haber tenido una figura paterna constante en mi vida. Esta realización no sucedió de la noche a la mañana, y algunas partes de ella pueden no tener mucho sentido para usted. Sin embargo, estoy segura de que es cierto.

Tal como compartí en la carta a papá al principio de este capítulo, el motivo por el que empecé a reflexionar sobre mi vida y mi padre fue un comentario que me hizo alguien cercano a él, explicando que papá se había sentido culpable por no estar en mi vida mientras yo crecía. Esto le impidió desarrollar una estrecha relación padre-hija conmigo una vez que nos conocimos cuando yo tenía dieciséis años. Eso fue impactante para mí. Nunca consideré que se pudiera sentir culpable. Desde mi punto de vista, la vida es simplemente la vida. Algunas cosas suceden y otras no. Pero hay un propósito para cada una de nuestras vidas, y Dios lo resuelve todo para bien cuando lo amamos y nos esforzamos por encontrar y cumplir su propósito en nuestro vivir.[3]

Por favor, no piense que mi vida era perfecta. No lo fue. Algunos podrían decir que estuvo lejos de ser perfecta, y hubo cosas que son difíciles de ver a través de los ojos de la fe en un Dios amoroso. Pero, como escribe Ben Cerullo: «Cuando se ven las cosas con los ojos de la fe, Dios siempre es más grande que los problemas. El miedo, la ansiedad y la desesperanza se desvanecen a la luz de su gloria».[4] Cuando empecé a reflexionar sobre mi vida, me di cuenta de que no fui criada activamente por ninguno de los cuatro hombres con los que mi madre se casó y se divorció durante mi infancia; sin embargo, no fui huérfana de padre.

Dios Nos Cría Activamente

Todos tenemos un Padre celestial quien nos ama.[5] Como cristianos, sabemos que Jesús es nuestro Padre eterno.[6] No obstante, a menudo aceptamos «Padre eterno» como uno de los títulos de Jesús sin reconocer que Él nos cría activamente. En los próximos párrafos, compartiré sólo algunos ejemplos de cómo Jesús me ha criado, los cuales expondré en los siguientes capítulos.

Usualmente vemos a los padres como ejemplos a seguir en nuestra vida. Nos enseñan a cómo comportarnos en la sociedad y en nuestro propio hogar cuando llegamos a la adultez. Si no nos han querido y protegido como lo necesitábamos durante la infancia, tendemos a temer el ser como ellos cuando somos adultos. Pero no tenemos que ser como ellos. De hecho, nuestro Padre celestial, a través del Espíritu Santo, nos hace semejantes a Cristo: «Por tanto, nosotros todos, mirando a cara descubierta como en un espejo la gloria del Señor, somos transformados de gloria en gloria en la misma imagen, *como* por el Espíritu del Señor».[7] Dios nos cría formándonos a su imagen y ayudándonos a madurar para ser como Cristo. Cuando no sentimos el amor de nuestros padres, tal vez viéndolos como carentes de paciencia y dulzura hacia nosotros, no tenemos que temer ser impacientes y duros también. Al reflexionar sobre nuestra vida, veremos que Dios nos ayudó a madurar en el fruto del Espíritu que es «amor, gozo, paz, paciencia, benignidad, bondad, fe, mansedumbre, templanza».[8] Una de las formas en que Dios nos cría es ayudándonos a convertirnos en adultos responsables, amorosos y maduros.

Dios también nos cría amándonos incondicionalmente. Cuando nuestros padres no son consistentes en su amor por nosotros, empezamos a sentirnos poco amados. Incluso podemos preguntarnos cómo es posible que Dios nos ame si nuestros propios padres no cumplieron con esa función básica de ser padres. Cuando Dios le dijo a Jeremías: «Con amor eterno te he amado»,[9] no lo dijo solo para los oídos de Jeremías. Dios nos ama (a usted y a mí) con un amor eterno e incondicional. No hay nada que podamos hacer para acabar con su amor por nosotros. Él derrama su gran amor sobre nosotros, llamándonos hijos de Dios.[10] ¿Cómo lo sabemos? Porque cuando el pecado entró al mundo a través de Adán y Eva y nos separó de Dios,[11] Él vino al mundo y murió por nosotros para que nuestra relación con Él pudiera ser restaurada.[12] Incluso en la actualidad, cuando nos equivocamos, cuando fallamos, Dios sigue amándonos. No hay nada que podamos hacer para quedarnos fuera del amor de Dios.

Y para mi último ejemplo, considere cómo todos anhelamos formar parte de una familia sana y funcional. Cuando nos hemos criado en la disfunción con padres ausentes, ya sea física o emocionalmente, soñamos con formar parte de una familia integradora. Y eso es, exactamente, lo que Dios nos provee cuando nos volvemos parte de su familia.

Dios crea una familia sana y amorosa entre sus hijos.[13] Tenemos hermanos y hermanas cristianos que caminan por la vida con nosotros. Se nos enseña a ser buenos los unos con los otros[14] y alegrarnos cuando uno de nosotros es honrado.[15] Cuando uno de nuestros hermanos o hermanas sufre, sufrimos todos juntos.[16] Jesús mismo fue un ejemplo de amor para nosotros y nos enseñó a amarnos unos a otros como Él nos amó.[17]

En esta familia se nos dan ancianos que nos guían como lo harían los abuelos, los padres, los tíos en una familia sana y natural. Se nos instruye a no reprender a nuestros ancianos, sino a mostrarles respeto alentándolos como lo haríamos con nuestros padres.[18] Y los ancianos deben enseñar a las generaciones más jóvenes cómo vivir y comportarse.[19] En la familia de Dios se nos ha dotado de todo lo necesario para vivir en amor, funcionando como la familia sana que todos hemos soñado. Esta familia se reúne y se anima entre sí.[20]

La familia de Dios no es perfecta; después de todo, está compuesta de seres humanos. Tenemos rivalidad entre hermanos. A veces los hermanos se pelean y se quejan porque cada uno siente que sus padres tratan mejor a los otros hermanos, por ejemplo, pasando más tiempo con ellos o comprándoles cosas mejores y más lindas. De igual manera, los hermanos y hermanas cristianos pueden molestarse porque sienten que el pastor o el director de música les da a otras personas más oportunidad de ministrar, como hablar en los servicios de la iglesia o de cantar cantos especiales con más frecuencia. Tenemos a los más jóvenes poniendo a prueba los límites de los mayores. A los hermanos mayores les sigue gustando cantar himnos, mientras que los más jóvenes prefieren las canciones de alabanza más animadas, y van a sobrepasar los límites de las canciones tradicionales. Pero Dios da instrucciones para manejar estas cosas de una manera amorosa y saludable. Debemos ser misericordiosos, bondadosos, humildes, mansos, pacientes e indulgentes.[21] Dios nos da una familia que es amorosa, funcional y cumple con todo lo que hemos soñado en una familia; por lo tanto, ¡no somos huérfanos de padre en lo absoluto!

Contemple Cómo Lo Cría Dios

En este libro compartiré con usted cómo Dios me crió a través de muchos eventos y circunstancias en mi vida. Yo no soy, y usted no es, huérfano, no importa cómo sean nuestras relaciones con nuestros padres terrenales. Usted no es huérfano aunque no haya conocido a su padre terrenal. Al leer este libro y ver cómo Dios me ha criado, piense en su propia vida y considere las áreas en las que su padre parece haberse quedado corto. Considere cómo Dios le ayudó a superar esas cosas. Reflexione sobre su propia vida y vea de nuevo cómo Dios le ha criado.

Escriba estas cosas para contemplarlas en oración. Permita que Dios le muestre cómo lo ha criado mientras lee el próximo capítulo sobre las características que heredamos.

2

Características Heredadas:

Seremos como Él

¡Hola Papá, soy yo!

Bueno, desde mi última carta he estado contemplando cuáles de tus características heredé al nacer. Las características más obvias son las físicas.

Encontré una copia de una foto tuya y de mamá cuando se casaron. Mis ojos son del color de los ojos de mamá, pero creo que tienen la forma de los tuyos. Tengo tu estatura, lo cual me parecía algo malo cuando era adolescente porque era más alta que todos los chicos. Y tengo los pies grandes, lo que creo que viene de ti por tu altura.

Para mí son más importantes las características no físicas que he heredado de ti y de mamá ¿Recuerdas la ocasión en que te visité cuando tenía veintidós años? Dudo que haya compartido la razón por la cual te visité en ese entonces. ¿Por qué una joven evidentemente embarazada viaja en auto desde Kansas hasta New Hampshire, junto con un bebé de dos años, para ver a su padre por tercera vez en su vida?

Si mal no recuerdo, estaba embarazada de unos seis meses. El médico me dijo que podría hacer el viaje con mi esposo si me detenía cada hora para estirar las piernas. Mike y yo tomamos a nuestra hija y nos pusimos en camino para verte. Tardamos tres días en llegar y tres días en volver a casa. Sólo estuvimos contigo tres días. ¿Qué era tan importante como para viajar tan lejos para una visita de sólo tres días?¡Fue por estas características no físicas! Como sabes, mamá siempre ha luchado con problemas mentales y emocionales. Estoy bastante segura de que esos problemas contribuyeron a que tú y ella se divorciaran. No me malinterpretes, amo a mamá y estoy convencida de que nos crió lo mejor que pudo. Pero mamá ha sido hospitalizada varias veces a lo largo de mi vida.

La primera vez que puedo recordar fue cuando tenía trece años. Me he enterado por otras personas de que había sido hospitalizada cuando yo era una niña pequeña. Mamá también fue hospitalizada cuando yo tenía dieciséis años. Y luego, cuando vine a visitarla a los veintidós años, fue hospitalizada de nuevo.

No lo sabía en ese momento, pero he escuchado de varias personas que todas estas hospitalizaciones se debieron a problemas psiquiátricos, y algunas, si no todas, fueron porque intentó suicidarse. Así que, a los veintidós años y con mi segundo hijo en camino, solo podía pensar en lo mucho que me parecía a mi madre. No te conocía lo suficiente como para saber qué características no físicas había heredado de ti. La única parte de mí que conocía era la de mi madre. De repente se convirtió en algo muy importante para mí el conocerte. Tenía que saber que había otro lado de mí, un lado firme, responsable y respetable. Ciertamente no lo sabía en ese momento, pero más adelante en mi vida eso sería aún más importante.

Cuando te visité, me pareció que eras... estable. ¿Qué te parece eso como descripción? Estable. Pero la estabilidad era importante para mí. ¿Podría ser que tuviera un lado estable, uno que no fuera emocionalmente volátil? No demostrabas mucho tus emociones. Sólo eras estable. No me abrumaste de amor, pero tampoco me rechazaste ni te hiciste el distraído cuando estuve cerca. Eso me reconfortó enormemente. Como mostrabas tan poca emoción, reconocí que yo tampoco era muy emocional. Ambos parecíamos relacionarnos con nuestros mundos a través de hechos y experiencias - no de emociones. Esa característica me ha servido en mi hogar, en mi carrera y en mis relaciones en general.

En mi última carta mencioné que alguien me había dicho que tener una relación conmigo era difícil porque te sentías muy culpable. Te dije que en tu ausencia durante la mayor parte de mi vida, Dios me crió de una manera que tú nunca podrías haberlo hecho. Eso incluye las características que he desarrollado a lo largo de mi vida. Sí, de ti he heredado la forma de mis ojos, mi altura y mis grandes pies. Aunque tú no estabas presente en mi vida para ayudar a construir mi carácter, Dios ha sido mi compañero constante. Él nunca me ha dejado, y a través de los años, el fruto de su Espíritu ha crecido en mi vida: amor, gozo, paz, paciencia, benignidad, bondad, fe, mansedumbre, y templanza. Me ha convertido en una persona cariñosa, feliz, paciente y despreocupada, a la que le encanta reír y divertirse. Incluso he dejado de tener miedo a mostrar emociones. Es por medio de las emociones como le adoro más profundamente.

Aunque mi vida hogareña no fue estable mientras crecía, Dios me permitió ver en ti el lado estable de mi personalidad, lo cual me ayudó cuando las cosas con mamá se pusieron difíciles. Dios me dio un esposo que nos ha proporcionado a nuestros hijos y a mí la estabilidad y seguridad que siempre hemos necesitado. Dios me ha rodeado de amor con diversas amistades y líderes espirituales que ha puesto en mi vida. Él ha ido más allá de todo lo que podrías haber hecho por mí. ¡No hay razón para que te sientas culpable! ¡Dios superó todo lo que podrías haber hecho por mí!

Sí, heredé tus ojos. Pero, sobre todo, quiero tener los ojos de mi Padre celestial. Gary Winthur Chapman lo expresó mejor cuando escribió Father's Eyes [Ojos del Padre], interpretada por Amy Grant.[1] En la canción, una joven reflexiona sobre cómo la ven su madre y el resto del mundo, pero expresa su única oración: que cuando la gente vea su vida, diga que tiene los ojos de su Padre. Esos ojos encontraban el bien en las cosas, encontraban la fuente de ayuda y estaban llenos de compasión.

La joven entonces vuelve a pensar en el día en que se presentará ante el Señor, y pagará por todas las acciones buenas y malas que ha cometido. De nuevo, espera que la gente se ponga de pie y diga que ha tenido los ojos de su Padre.

Esta canción describe los ojos de mi Padre celestial. Sus ojos siempre encontraron lo bueno en mí y en sus ojos, siempre encontré ayuda. Él fue y es mi constante fuente de ayuda. Quizás recuerdes cuando atravesaba un divorcio a los diecinueve años. Te pedí ayuda porque estaba en California, sola, sin transporte. Me ayudaste firmando conjuntamente un préstamo para un auto. Estuve muy agradecida por esa ayuda financiera. Sin embargo, fue Dios quien me proveyó de ayuda emocional. Pude correr hacia Él, expresando mi vergüenza y mi miedo, y Él me consoló con su Palabra. Me dijo que no tuviera miedo porque Él estaba conmigo y me fortalecería, me ayudaría y me llevaría de su mano.[2] También me aseguró que me instruiría y guiaría en el camino que debía seguir porque me guiaría con su mirada.[3]

Papá, estoy agradecida por tu estabilidad emocional la cual he heredado. Y estoy agradecida de que Dios haya estado conmigo para darme apoyo emocional y para guiarme a través de los caminos difíciles de la vida. Él me inculcó ojos llenos de compasión y una fuente de ayuda. Dios me consoló con su Palabra y me guió con su mirada. No hay razón para que te sientas culpable. Tengo los ojos de mi Padre.

De mí, ¡la que siempre quiso ser «tu pequeña»!

Anhelando Saber Quiénes Somos

He conocido a muchos adolescentes y jóvenes adultos que tienen un padre que no ha estado activo en sus vidas desde antes de que ellos pudieran recordar. Como mínimo, estas personas tienden a preguntarse cómo eran sus padres biológicos. Para algunos de nosotros, el deseo de conocer a nuestros padres biológicos va más allá de una simple curiosidad. Muchas películas y programas de televisión han incluido un personaje adoptado o que nunca conoció a uno de sus padres biológicos. En estas películas y programas de televisión, los personajes plantean la cuestión en una discusión delicada con uno de los padres o un miembro de la familia que ha participado activamente en sus vidas o inician una investigación a fondo para encontrar al padre biológico.

Como ejemplo, recuerdo el episodio 10 de la primera temporada de *Los Hechos de la Vida* que se titulaba «Adopción» y se emitió por primera vez el 25 de abril de 1980.[4] Cuando un proyecto escolar requería hacer un árbol genealógico, Natalie se negó a completar el proyecto y se enfadó visiblemente por el tema. Finalmente, informa a sus compañeros de clase que es adoptada. La siempre entrometida y bien conectada Blair se ofrece a iniciar una búsqueda para encontrar a los padres biológicos de Natalie. Al comenzar la búsqueda, la Sra. Garrett intentó razonar con Natalie con respecto a tener una madre y un padre reales que la eligieron como propia. Natalie declaró: «Estoy incompleta» tras explicar que tiene un espacio vacío en su interior porque no sabe nada sobre sus padres biológicos.[5] Al final, el argumento de la señora Garrett fue efectivo y Natalie canceló la búsqueda a pesar de su natural anhelo de saber quiénes eran sus padres biológicos.

Yo misma he visto esta situación como madre de una hija que fue adoptada por mi esposo y que nunca conoció a su padre biológico. La curiosidad de Trisha por su padre comenzó cuando tenía dieciséis años. Al igual que las personas de las películas hechas para la televisión, Natalie en el episodio de

Los Hechos de la Vida, y yo cuando tenía veintidós años, Trisha quería saber cómo era su otro padre biológico.

Trisha tenía una buena relación con su padre, el hombre que la adoptó, la amó, la crió como si fuera su propia hija y a quien ella ama profundamente. Sin embargo, quería saber cómo era su padre natural. Ella y yo discutimos el asunto; y por varias razones, incluyendo como complicaría su vida, acordamos que no era una buena idea buscarlo en ese momento; no obstante, ese deseo de encontrar a su padre nunca la abandonó. Ella continuó buscándolo esporádicamente durante más de veinte años.

No hace mucho, Trisha encontró la esquela de su padre biológico en Internet. Tras confirmar conmigo que la esquela correspondía realmente a su padre biológico, se puso en contacto con la hermana de él y con su cónyuge supérstite. Esa curiosidad, o necesidad de saber sobre su padre, nunca la abandonó a pesar de que quería y apreciaba mucho a su papá. Incluso después de enterarse de la muerte de su padre biológico, quiso saber de él a través de su familia. Fueron amables y corteses cuando se puso en contacto con ellos. Trisha tiene ahora una relación en desarrollo con los otros hijos de su padre biológico y los miembros de su familia. Simplemente hay algo dentro de nosotros que necesita saber de qué estamos hechos, y necesitamos conocer a nuestros dos padres biológicos, cuando es posible, para satisfacer esa curiosidad, esa necesidad, ese vacío.

La mayoría de las personas que no conocen a su padre biológico tienen una necesidad inherente, o al menos un deseo, de conocer a la otra parte de sí mismos que completa lo que son. Muchos de los que nunca tuvimos el privilegio de conocer a nuestros padres biológicos luchamos con inseguridades sobre quiénes somos.

Cuando mi madre fue hospitalizada cuando yo tenía veintidós años, me abrumé. Entré en una de crisis de identidad como nunca antes lo había hecho ni he experimentado desde entonces. ¿Estaba destinada a ser como mi madre? Amaba y me preocupaba por mi madre, pero no quería ser como ella hasta el punto que ella había luchado durante años con problemas de salud mental y emocional.[6] No solo tenía curiosidad por la personalidad y el carácter de mi padre. Necesitaba saber quién era como individuo. Necesitaba saber que había una parte de mí que no era mental y emocionalmente inestable. Cuando pasé algún tiempo con él, encontré la estabilidad de carácter y personalidad que necesitaba saber que eran parte de lo que soy, lo que me mantuvo firme hasta que maduré en Cristo y aprendí que mi identidad no depende de quiénes son mis padres.

Asemejándose a Cristo

Los cristianos son llamados a ser como Cristo. Pablo, Juan y Pedro enseñaron a los primeros cristianos a ser como Cristo.[7] Creo que Pablo lo dijo mejor en su carta a la iglesia de Éfeso: «Sed, pues, imitadores de Dios como hijos amados. Y andad en amor, como también Cristo nos amó, y se entregó a sí mismo por nosotros, ofrenda y sacrificio a Dios en olor fragante».[8] Pero lo más importante es que Cristo mismo enseñó a sus discípulos a ser como Él.[9]

Es importante darse cuenta de que el llamado a ser como Cristo es un llamado a ser como nuestro Padre celestial. Al profetizar sobre el Mesías (Jesucristo), Isaías dijo que su nombre sería llamado, entre otras cosas, «Dios Fuerte, Padre Eterno».[10] Jesús dijo a Felipe: «El que me ha visto a mí, ha visto al Padre».[11] Cristo era la imagen del Dios invisible,[12] y en Él está la plenitud de Dios.[13] Por lo tanto, al asemejarnos a Cristo, nos parecemos a nuestro Padre celestial.

¿Cómo podemos llegar a ser como nuestro Padre celestial? En primer lugar, porque Dios hace que todas las cosas nos ayuden para bien. Muchos cristianos conocen Romanos 8:28: «Y sabemos que a los que aman a Dios, todas las cosas les ayudan a bien, esto es, a los que conforme a su propósito son llamados». Al leer el versículo 29, aprendemos que somos formados a la imagen de Cristo debido a que Dios obra las cosas para nuestro bien, es decir, llegamos a ser como Cristo.[14] Además, Dios nos da todas las cosas que necesitamos para ser como Él.[15] Al igual que nuestros padres naturales, Él nos da un ejemplo, nos enseña, y a medida que maduramos en Él, el fruto del Espíritu crece en nosotros.

Somos hijos de Dios por adopción;[16] por lo tanto, las características de Dios no se heredan al nacer. Al igual que los niños pequeños que son adoptados se parecen a sus padres durante los años que están bajo su cuidado, nosotros también nos parecemos a nuestro Padre celestial a medida que crecemos bajo el cuidado de Dios. Los padres adoptivos terrenales sirven como ejemplo para sus hijos adoptivos. En cambio, Dios nos dio a Jesucristo como ejemplo.

Jesús explicó a sus discípulos que debían imitar su ejemplo. Después de que la madre de Santiago y Juan le pidió a Jesús que le concediera a sus hijos los asientos a su derecha y a su izquierda en su reino, Jesús explicó a sus discípulos que, así como Él vino a servir, así deberán servir los que quieren ser grandes.[17] Además, después de lavar los pies de sus discípulos, dejó claro que lo hizo como un ejemplo para ellos.[18] Como era tan importante seguir su ejemplo, ordenó a sus discípulos a que se amaran unos a otros como Él los amaba.[19]

Los apóstoles entendieron que ellos y todos los cristianos deben ser como Cristo y reflejar su ejemplo. Cuando la Iglesia era perseguida, el apóstol Pedro animó a los cristianos a seguir los pasos de Jesús y a soportar la persecución, absteniéndose de hablar con falsedad u odio en respuesta, absteniéndose de pecar y confiando en Dios.[20] El apóstol Juan recordaba a los cristianos que debían andar como Cristo anduvo.[21] También ayudó a los cristianos a identificar lo que es el amor al señalar el ejemplo de Jesús.[22]

Incluso el apóstol Pablo, que no fue un testigo que presenciara la vida de Jesús, entendió que los cristianos deben vivir, además de liderar, con el ejemplo de Cristo, tal y como demostró cuando dijo, «Sed imitadores de mí, así como yo de Cristo».[23] También animó a la iglesia a caminar en el amor y a perdonar tal y como lo hizo Cristo.[24]

Dios nos proporciona todo lo que necesitamos para ser como nuestro Padre celestial, independientemente de quiénes son nuestros padres naturales, sus cualidades inherentes y su comportamiento. Darnos a Jesús como ejemplo es sólo una parte de lo que Él nos proporciona. Del mismo modo nos enseña a ser como Él.

Dios nos enseña de muchas maneras, así como lo hacen nuestros padres naturales.[25] Al igual que nuestros padres naturales nos enseñan dándonos instrucciones y corrigiéndonos cuando nos equivocamos, Dios nos enseña a través de su Palabra.[26] Al aprender mediante la Palabra de Dios, maduramos en Él y llegamos a ser como Él.[27] El escritor de Hebreos explica que respetamos a nuestros padres naturales cuando nos corrigen, pero lo hacen sólo según lo que consideran apropiado y bueno.[28] Por otro lado, la corrección de Dios es ciertamente para nuestro bien, para hacernos como Él.[29] Dios también nos corrige porque nos ama.[30]

Puedo recordar la primera vez que oí a alguien citar Santiago 1:22, «Pero sed hacedores de la palabra, y no tan solamente oidores, engañándoos a vosotros mismos». ¿Alguna vez se ha sentado en la iglesia, ha escuchado el mensaje y ha pensado: Vaya, el pastor le está hablando realmente a tal persona el día de hoy? Debo confesar que yo he sido culpable de eso una o dos veces. Y el «tal persona» era normalmente uno de mis hijos o mi esposo. Luego escuché a otra persona citar Santiago 1:22. Me hizo recordar que debía ser una hacedora, no sólo una oyente. Eso significa que debo escuchar el mensaje y aplicarlo a mi vida, no a la de otra persona. Si todo lo que hago es escuchar y no aplicar la verdad a mi vida, entonces me engaño a mí misma, y debo ser corregida por la Palabra.

Cuando nos acercamos más a Dios y deseamos entender más, todo lo que tenemos que hacer es pedírselo. El apóstol Santiago comprendió que podemos pedirle a Dios sabiduría, y Él nos la dará abundantemente, sin reprocharnos ni hacernos sentir mal por pedirla.³¹ Recuerdo con mucho cariño un ejemplo de pedirle a Dios comprensión y recibirla de Él. Mi esposo y yo estábamos entrenando para andar en bicicleta en un evento de recaudación de fondos de doscientas millas por dos días. Nos preparábamos para recorrer cien millas en dos días consecutivos.

La preparación para recorrer largas distancias en bicicleta incluye el fortalecimiento de los músculos, el sistema cardiovascular y la espalda. Estar sentado en el asiento de una bicicleta entre cinco y siete horas no es cómodo y se hace necesario acondicionar la parte trasera para aumentar la resistencia. Mi esposo y yo nos entrenábamos montando en bicicleta veinte millas tres noches a la semana, y luego recorríamos distancias más largas los sábados para llegar a las cien millas.

El primer año que participamos en la recaudación de fondos, entrenamos en el Sendero del Río *Little Miami Scenic*, una vía férrea abandonada que había sido convertida en un sendero pavimentado por la Conservación *Rails-to-Trails*. El sendero recorre cincuenta millas a lo largo del Río Little Miami a través de bosques y valles, lo que ofrece muchas oportunidades de observar –afortunadamente no muy de cerca– la fauna de la zona. Al año siguiente, nos desviamos hacia las rutas rurales, que de nuevo nos brindaron la oportunidad de observar la vida silvestre.

Al pasar tantas horas en la naturaleza, aprendí a apreciar realmente la creación de Dios. También oraba mientras iba en la bicicleta. Dios parecía mostrarme, cada vez más, diferentes animales a medida que avanzaba, lo que siempre me deleitaba. Me encantó que los ciervos corrieran a nuestro lado entre el sendero y el río. Tuve la suerte de ver un pavo real cerca del camino. Y recuperé el aliento cuando dos castores que se encontraban en mi trayecto se metieron en un agujero debajo de la carretera justo cuando estaba a punto de golpearlos. Esa vez pensé que iba a perder el control de la bicicleta y que yo iba a ser la que acabaría en la carretera, pero no fue así.

Mientras me encontraba con estos increíbles animales y conversaba con

Dios, le preguntaba por qué parecía estar aumentando el número y los tipos de animales que veía. Con el tiempo aprendí varias cosas:

- Cuanto más nos complacemos en Él, más le agrada bendecirnos;
- cuando hizo la tierra y a sus habitantes, podría haber hecho justo lo suficiente para que fuera funcional; pero Dios la hizo hermosa y venturosa para nuestro placer; y
- la tierra es estrado de sus pies[32] así que cuando amo, aprecio y agradezco por la naturaleza (la creación de Dios), estoy adorando a sus pies.

Debido a que busqué conocer más a mi Padre celestial, Dios me mostró más sobre Él. Cuando me faltaba sabiduría sobre su creación, sobre Él y sobre cómo Él desea relacionarse con nosotros, solo tenía que preguntar. Él me enseñó libre y hermosamente, y al enseñarme, me ayudó a parecerme más a Él, acercándome más a Él cuando empecé a ver y apreciar la belleza de su creación.

Además de enseñarnos por medio de su Palabra, y de darnos sabiduría cuando la pedimos, Dios también nos enseña a través de nuestras experiencias. La historia anterior sobre lo que aprendí mientras me entrenaba para un recorrido de doscientas millas en bicicleta no es sólo un ejemplo de lo que Dios me enseñó porque le pedí sabiduría, sino también un ejemplo de lo que me enseñó por medio de la experiencia.

El proceso de entrenamiento y de convertirme en una ciclista de larga distancia ha sido una experiencia maravillosa. Dios también nos enseña a ser más como Él en nuestras pruebas. El apóstol Pablo enseñó a la iglesia de Roma a gozarse en las tribulaciones.[33] Hacerlo desarrolla la paciencia, la esperanza y el amor de Dios en nuestros corazones.[34] Todas estas son características semejantes a las de Cristo. De hecho, el apóstol Santiago alentó a la iglesia a estar gozosa al encontrar las pruebas y las tentaciones de la vida, porque estas obran la paciencia en nosotros, haciéndonos completos, sin necesidad de nada.[35]

Mientras escribo esto, mi esposo y yo estamos trabajando en el campo misionero en Costa Rica. En el 2019, cuando nos preparábamos para mudarnos aquí, después de un tiempo maravilloso de estar confiados en el llamado de Dios y recibir múltiples confirmaciones, llegamos a un tiempo de pruebas. Estas pruebas iban desde la preocupación por nuestra familia, hasta los ataques a nuestra salud, hasta los asuntos financieros. Las pruebas nos hicieron preguntarnos si habíamos entendido mal. **¿Será que Dios nos había llamado?** Cuanto más duraban las pruebas, más evidente se hacía la mano de Dios. Nos estaba enseñando a ser flexibles y a confiar en Él. Las cosas en el campo de misiones no serían como lo esperábamos, pero debíamos ser lo suficientemente flexibles como para enfrentarnos a cualquier cosa que se nos presentara, y debíamos confiar en Él a través de cada experiencia. No puedo decir que teníamos todo por gozo cuando estábamos pasando por las pruebas, pero ahora estamos muy alegres que Dios nos haya enseñado estas lecciones. No habríamos estado preparados para esta experiencia si no nos hubiéramos conformado a su semejanza por medio de esas pruebas.

Como un buen Padre, Dios nos proporciona todo lo que necesitamos para ser como Él. Nos proporciona a Cristo como ejemplo y nos enseña mediante su Palabra y experiencias. Es más, a través de su Espíritu Santo, Dios desarrolla en nosotros el fruto del Espíritu.[36]

No es casualidad que el amor figure en primer lugar en la lista de los frutos del Espíritu. Es de conocimiento general que las etiquetas de información nutricional en los paquetes de alimentos enumeran los ingredientes en orden de mayor a menor. Aunque todas las partes del fruto del Espíritu son igualmente importantes, creo que el amor aparece en primer lugar porque sin él el resto del contenido del fruto del Espíritu no es posible. Debemos amar antes de poder tener gozo y paz, o ser pacientes, amables, mansos y tener autocontrol. Para ser como Cristo, debemos amar. Pero Dios no nos deja solos para que nos esforcemos a ser como Cristo por nuestros propios medios. En cambio, el Espíritu Santo nos guía. Al seguir al Espíritu, adquirimos de Dios el fruto del Espíritu al igual que heredamos tanto las características físicas como las no físicas de nuestros padres.

También hay otras características de Cristo que heredamos, y podemos encontrarlas si leemos la Palabra de Dios con un ojo atento para ver las características de Cristo que son evidentes en nuestras vidas. Como por ejemplo, una mañana, no hace mucho, estaba haciendo mi oración diaria y la lectura de la Biblia, cuando Marcos 10:1 me llamó la atención. Se lee: «Levantándose de allí, vino a la región de Judea y al otro lado del Jordán; y volvió el pueblo a juntarse a él, y de nuevo les enseñaba como solía». Jesús acostumbraba a enseñar, es decir, era Su hábito, Su conducta habitual, es lo que hacía con pasión. Esa mañana me di cuenta de que había heredado de mi Padre celestial el amor y la pasión por la enseñanza.

A mí también me apasiona la enseñanza. Muchas personas me han dicho que soy una maestra natural. No sólo me gusta enseñar la Palabra de Dios, sino que también enseño por naturaleza cuando me comunico con las personas. Me ayudó en mi carrera, primero como aseguradora y luego como abogada corporativa. Mientras trabajo en el campo misionero en Costa Rica, Dios me ha dado una pasión por enseñar inglés a las personas de Costa Rica. La enseñanza es una parte muy importante de mi vida, y al igual que Jesús estaba «acostumbrado a enseñar», yo estoy acostumbrada a enseñar. Estoy segura de que también encontrará características de Cristo que están en usted si lee las Escrituras con un ojo atento a ellas.

Al reconocer la obra de Cristo en nosotros, sus características crecen en nosotros. Al ser adoptados por Dios a través de Jesucristo, Él nos hace aceptables para Él.[37] Él nos transforma a la imagen de Cristo, de gloria en gloria, por vía de su Espíritu.[38] A medida que caminamos por el Espíritu y el Espíritu nos transforma, heredamos por adopción las características de Cristo. No debemos temer ser como nuestros padres naturales, que no han estado presentes o no han sido capaces de amarnos como necesitábamos. Al contrario, podemos vernos a nosotros mismos y ver cómo Dios nos ha criado. Él nos dio un ejemplo y nos enseñó a través de su Palabra, nuestras experiencias y nuestras preguntas. Hemos crecido en el fruto del Espíritu y hemos heredado sus características de amor, gozo, paz, paciencia, benignidad, bondad, fe, mansedumbre y templanza. ¡Y, sí, la gente podrá ver que tenemos los ojos de nuestro Padre!

Contemple Cómo Dios le Ayudó a Parecerse a Cristo

- ¿Puede ver incidentes en su propia vida en los que Dios le ha criado ayudándole a asemejarse a Cristo y a convertirse en una persona responsable, amorosa y madura?

  _____
  _____
  _____
  _____
  _____

- ¿Cuáles son algunos de los eventos difíciles, o incluso terribles, en su vida en los que Dios obró para su bien mientras usted lo amaba y buscaba su propósito en la vida? ¿Cómo han contribuido a que se asemeje más a Cristo?

  _____
  _____
  _____
  _____
  _____

- ¿Hay alguna característica de Jesús que ame y que le resulte fácil de incorporar a su propia vida? ¿Cuál es?

  _____
  _____
  _____
  _____
  _____

- ¿Cuál es la característica de Jesús más difícil de seguir? Hágalo un asunto de oración y pídale a Dios que le ayude a mejorar en esa área. Si no se le ocurre nada, pida a Dios que escudriñe su corazón y le revele en qué debe mejorar y que le ayude a hacerlo.

  _____
  _____
  _____
  _____
  _____

Anote estas cosas para contemplarlas en oración. Permita que Dios le muestre cómo le ha criado mientras lee el siguiente capítulo sobre Su amor incondicional.

3

Amor Incondicional:

Él le Ama con un Amor Eterno

¡Hola Papá, soy yo!

Últimamente, he estado pensando mucho en ti y considerando lo que quiero decirte a continuación. Por favor, recuerda que el propósito de contactarte es asegurarte que no tienes que sentirte culpable con respecto a mí y al hecho de que no hayas estado presente en mi vida. Aunque no seas capaz de entenderlo, cualquier cosa que hubieras podido hacer en mi vida Dios la superó con creces, así que el tema de hoy es el amor.

Hace muchos años, te envié un correo electrónico que contenía lo que puede haber sido la primera vez que expresé mis sentimientos con respecto a nuestra relación. Esto es lo que dije:

Papá, has estado mucho en mi mente últimamente. Y creo que voy a aprovechar esta oportunidad para decirte que ¡te amo! Ambos hemos intentado establecer una relación padre-hija a lo largo de los años, pero ha sido difícil por diversas razones; sobre todo porque vivimos muy lejos y porque no tenemos los recuerdos de toda una vida juntos a los cuales acudir. A medida que ambos crecemos, se hace más y más difícil construir esa relación.

Terminé el correo electrónico con: «De mí, la que siempre quiso ser 'tu pequeña'». Incluso al escribir esto ahora, papá, ese deseo de ser tu pequeña me sobrecoge.

¿Recuerdas cómo respondiste? Esto es lo que dijiste:

Gracias, Julie. Creo que dadas las circunstancias nos ha ido bastante bien en nuestra relación. Estoy de acuerdo con todo lo que has dicho. No nos hemos agobiado el uno al otro y siempre hemos sabido que cuando llegue el momento de la verdad, estaremos ahí el uno para el otro.

He conservado este intercambio de correos electrónicos durante todos estos años.

De alguna manera, creo que tú y yo tenemos diferentes definiciones de amor. Aparentemente, lo defines como no agobiarse mutuamente, sino como estar ahí en los momentos difíciles. Yo lo defino como mucho más que solo eso. Me gusta lo que dice Oswald Chambers sobre el amor.

Si el amor humano no lleva al hombre más allá de sí mismo, no es amor. Si el amor es siempre discreto, siempre sabio, siempre sensato y calculador, y nunca va más allá de sí mismo, no es amor en absoluto. Puede ser cariño, puede ser calidez de sentimientos, pero no tiene la verdadera naturaleza del amor.[1]

No agobiarse mutuamente y estar ahí para los demás en los momentos difíciles no se ajusta a la definición de Oswald Chambers. Hace algún tiempo leí *Cómo criar a las Hijas: Estímulo y consejo práctico para los que están formando nuestra próxima generación de mujeres* por James Dobson.[2] El Dr. Dobson afirma: «**Casi todo lo que hace una mujer en su vida adulta está alimentado por su anhelo de ser deleitada, su anhelo de ser bella, de ser irremplazable**».[3] Creo que por esa razón todavía lloro cuando pienso en ser tu pequeña. En tu ausencia no tuve la oportunidad de ser deleitada por ti, al menos no en los años que puedo recordar. A pesar de que no eres mi padre legalmente, mi búsqueda de amor paternal, y de ser deleitada y ser considerada bella e irremplazable, me lleva a ti.

¿Por qué estoy diciendo todo esto? Porque quiero que entiendas cómo Dios superó todo lo que pudiste haber sido para mí. Incluso si fueras capaz de expresar un amor que va más allá de ti mismo y deleitarte en que sea tu hija, la expresión se habría quedado corta para el amor incondicional que mi Padre celestial me ha demostrado. Sé que la iglesia, la oración y la lectura de la Biblia no han sido una parte regular de tu vida, pero es importante para mí que entiendas que creo que la Biblia es verdadera y me he esforzado por vivir mi vida de acuerdo con ella. Ya hablaré de eso en otra ocasión, pero hoy quiero que te des cuenta de cómo Dios me ha criado.

El rey David proclamó en uno de sus Salmos que Dios es un «Padre de huérfanos».[4] Y Dios ciertamente ha sido eso para mí. Los Salmos también nos dicen que Dios se deleita en Sus hijos, de los cuales yo soy una.[5] Él satisface mi deseo de ser deleitada.

La Biblia también contiene un libro muy interesante que ha sido interpretado de diferentes maneras. Los estudiosos consideran que Cantar de los Cantares es una colección de poemas de amor o un relato dramático que expresa el amor entre dos personas. Pero algunos lo interpretan como una alegoría que describe el amor de Cristo por Su iglesia. Su iglesia no es un edificio ni una organización religiosa en concreto. En cambio, cada uno de Sus hijos constituye Su iglesia. Yo soy parte de Su iglesia. Por lo tanto, puedo aceptar las expresiones de amor en Cantar de los Cantares como aplicables a mí. De este modo, descubro que Dios me encuentra hermosa.[6] Él satisface mi deseo de ser encontrada como hermosa, ¡sin importar mi aspecto en cualquier momento!

El punto es que Dios me ama con un amor eterno e incondicional.[7] Creo que el apóstol Juan lo dijo mejor: «¡Fíjense qué gran amor nos ha dado el Padre, que se nos llame hijos de Dios! ¡Y lo somos! El mundo no nos conoce, precisamente porque no lo conoció a él».[8]

¿Recuerdas cuando te llamé y te dije que estaba embarazada? Esto fue después de que firmaras el préstamo de un auto para mí porque me estaba divorciando. Y luego quedé embarazada de otra relación. Fuiste amable y trataste de ocultar tu decepción. Realmente lo aprecié. Estaba bastante decepcionada conmigo misma. Temía que tu amor por mí hubiera llegado a su límite.

¿Pero sabes lo qué hizo mi Padre celestial? Primero, esperó pacientemente hasta que dirigí mis ojos hacia Él. Él no quería que me perdiera, sino que quería que volviera a Él en arrepentimiento.[9] Después me aseguró que no debía temer porque no sería avergonzada, y olvidaría la vergüenza de mi juventud.[10] Recuerdo el día en que, acostada en mi cama, tomé mi Biblia, cosa que no había hecho desde hacía algún tiempo. Y allí estaba Él, asegurándome con su Palabra de nuevo, atrayéndome de nuevo a Su amor incondicional, y supe que este bebé y yo estaríamos bien.

Papá, no hay razón para que te sientas culpable. Soy amada con un amor más grande del que tú o cualquier otra persona podría haberme demostrado. Dios me ha criado. Por lo tanto, he sido criada por el mejor Padre que existe.

De mí, ¡la que siempre quiso ser «tu pequeña»!

Julie

El Amor de Nuestro Padre Celestial

Bueno, ¡esa fue una carta difícil de escribir a mi papá! ¿Anhelé el amor de un padre durante muchos años de mi vida? ¡Definitivamente! ¿He cometido errores que son estadísticamente comunes entre las jóvenes que crecen sin el amor de un padre? ¡Absolutamente! Busqué amor en las personas equivocadas. Cometí errores. Como resultado, quedé embarazada de una niña que ansiaba conocer a su padre biológico. Las circunstancias de su nacimiento fueron indescriptibles, pero Dios es fiel al obrar todas las cosas para bien cuando le amamos y somos llamados según Su propósito.[11] Qué bendición es mi hermosa hija en mi vida. Estoy agradecida de que Dios haya convertido con amor las circunstancias indescriptibles en uno de los mayores tesoros de mi vida.

¿Fue mi padre, quien estuvo ausente durante la mayor parte de mi vida, capaz de amarme de la manera en que Oswald Chambers describió el amor? No. Desafortunadamente, hay muchos padres que están presentes físicamente en la vida de sus hijos que son incapaces de extender su amor a alguien más allá de ellos mismos. Pero Dios es capaz de extender el amor a Sus hijos... ¡y lo hizo!

Jesús sufrió y murió por nosotros en la cruz para que tengamos vida eterna.[12] ¡Qué demostración de un amor que va más allá de Sí mismo! Ese amor supera lo que cualquier padre terrenal podría ofrecer a sus hijos. Y ese amor se extiende a usted y a mí.

Aunque nada puede superar el sacrificio que Jesús hizo por nosotros, Dios continúa demostrando Su amor por nosotros llamándonos hijos Suyos.[13] ¿Qué tan increíble es eso? Él no sólo le está hablando a la iglesia colectivamente. Nos está hablando a usted y a mí individualmente. Usted y yo somos hijos de Dios si le hemos recibido y hemos creído en Su nombre.[14] El solo hecho de llamarnos hijos demuestra el amor de Dios, un amor que va más allá de Él mismo.

¡Y se pone cada vez mejor! No solo somos hijos, sino también somos herederos con Jesucristo.[15] ¿Qué significa esto? Significa que a todo lo que Cristo tiene derecho, nosotros también tenemos derecho porque somos coherederos con Él. Él nos da Su gloria,[16] Sus riquezas[17] y todas las cosas.[18] Esa herencia es eterna porque es incorruptible, incontaminada y no se desvanece.[19] ¡Es incondicional!

No Decepcionamos a Dios al Cometer Errores

¿Alguna vez Dios me dio la espalda cuando cometí errores? ¡Por supuesto que no! Una cosa que he aprendido a lo largo de los años es que Dios nunca se decepciona de nosotros. Mis errores pudieron haber decepcionado a mi padre, pero no decepcionaron a Dios, y Él no me negó Su amor a causa de ellos. Su amor es incondicional.

Decepcionar es no satisfacer la esperanza, el deseo o la expectativa de alguien. Aprendemos del apóstol Pablo que la decepción contiene un elemento sorpresa. Pablo explicó en su carta a la iglesia de Galacia que se maravillaba de lo pronto que se alejaban de Él.[20] **Maravillarse** significa sorprenderse y asombrarse. Pablo está expresando a los gálatas su sorpresa y decepción por el hecho que ellos estaban abandonando su fe en el evangelio de Cristo y se dirigían hacia otras enseñanzas.

La sorpresa forma parte de la decepción. Cuando no esperamos que las personas actúen de cierta forma, no nos sorprende cuando, efectivamente, no lo hacen. Por lo tanto, no estamos decepcionados porque no esperábamos nada de ellos. Por ejemplo, piense en pedirle a su esposo que recoja una chaqueta de la lavandería porque a usted le gustaría llevarla a la iglesia. Su esposo le explica que no puede hacerlo. Cuando no la recoge, usted no se decepciona porque no le sorprende; pero si le dijo que la recogería y no lo hace, entonces se decepciona porque le sorprende que no haya hecho lo que le pidió y lo que dijo que haría.

Entonces, cuando tomamos malas decisiones en nuestra vida, ¿decepcionamos a Dios? No. ¿Qué espera Dios de nosotros? Espera que creamos en el nombre de Jesús y que nos amemos los unos a los otros.[21] No espera más de nosotros, Él solo quiere que creamos y amemos porque sabe que somos humanos.[22]

Para que Dios se decepcione, también debe sorprenderse. ¿Podemos sorprender a Dios? Él es omnisciente, lo sabe todo.[23] Puesto que nos conoce tan íntimamente, ciertamente no le sorprende nada de lo que pensamos, decimos o hacemos, o dejamos de hacer. No decepcionamos a Dios cuando nos equivocamos. Él no nos niega Su amor. Su amor es incondicional.

Justo como yo decepcioné a mi padre al quedar embarazada después de mi divorcio, todos decepcionamos a nuestros padres y a nosotros mismos en ocasiones. Podemos sentir que nuestros padres no nos aman debido a su decepción. Pero sin importar lo que hagamos, Dios nos ama a todos. Incluso cuando tomé algunas decisiones muy malas, viviendo de una manera que es inconsistente con la Palabra de Dios, Él me amó y todavía lo hace. Él nos ama a todos con un amor incondicional y eterno, y superó el amor que mi padre podría haberme tenido, incluso si hubiera sido una parte habitual en mi vida.

Contemple Cómo Dios Le Ha Amado Incondicionalmente

Lo animo a analizar su vida. ¿Ha decepcionado a sus padres? ¿A usted mismo? ¿Se ha castigado a sí mismo porque estaba seguro de haber decepcionado a Dios? Pues no lo hizo. Dios estuvo allí amándolo, cuidándolo y criándolo todo el tiempo. Envió a Su Hijo como sacrificio por sus pecados. Le llama hijo suyo y le ha hecho coheredero con Cristo. Él no está decepcionado de usted. Dios le ama con un amor eterno e incondicional.

- Reflexione sobre algunas de las cosas que ha hecho y que le han hecho sentir la desaprobación de sus padres y la decepción de Dios. Considere cómo Dios realmente lo amó a través de esas situaciones.

_____

_____

_____

_____

_____

- Identifique algunas escrituras que le hablen del amor incondicional de Dios y memorice una o dos de estas. Órelas con regularidad, agradeciendo a Dios por Su amor incondicional.

_____

_____

_____

_____

_____

Anote estas cosas para contemplarlas en oración. Permita que Dios le muestre cómo le ha criado mientras lee el siguiente capítulo que distingue la religión del cristianismo.

4

Religión Versus Cristianismo:

Cómo Vivimos la Diferencia

¡Hola Papá, soy yo!

Te extraño, papá. Estoy agradecida por esta oportunidad de compartir contigo el porqué no tienes que sentirte culpable por no haber sido una parte activa en mi vida mientras crecía. Lo que realmente quiero que entiendas es que Dios me crió de una manera mucho más increíble de lo que tú o cualquier otro padre terrenal podría haberlo hecho. Y hoy quiero abordar algo que me dijiste hace muchos años con respecto a ir a la iglesia.

Hace ya algunos años, mientras hablábamos por teléfono, te conté que Mike y yo habíamos empezado a ir a una nueva iglesia. Yo estaba muy emocionada por el cambio porque sentía que estaba aprendiendo más sobre Dios y cómo tener una relación cercana con Él. ¿Tu respuesta? «¡Está bien ir a la iglesia, siempre y cuando la iglesia no te diga cómo vivir!» Ay, papá. Me sentí como si me hubieran dado un puñetazo en el estómago. Sé que no pretendías herirme. Hablabas por amor. Fue una de las pocas veces en mi vida que intentaste darme un consejo. Pero eso solo sirvió para aclarar lo diferentes que éramos y lo poco que nos conocíamos.

Como mencioné en mi última carta, sé que la iglesia, la oración y la lectura de la Biblia no han sido una parte habitual de tu vida. Como no fui criada por unos padres que estuvieran comprometidos a enseñarme sobre Dios y a asistir regularmente a una iglesia, la abuela hizo todo lo que pudo para asegurarse de que yo pudiera estar en la iglesia cuando quisiera.

Cuando estaba en la secundaria, la abuela empezó a llevarme a la iglesia los miércoles por la noche para que pudiera formar parte del grupo de jóvenes y del coro. Caminaba hasta su casa después de la escuela. Cenábamos juntas y luego íbamos a la iglesia. El coro ensayaba los miércoles por la noche, así que tuve la oportunidad de establecer amistades con jóvenes cristianos y estar con ellos. Después de la iglesia, la abuela me llevaba a casa.

A partir de ese momento, la iglesia ha formado parte de mi vida casi siempre. Experimenté y aprendí sobre el amor de Dios. Aprendí a amarlo en recíproca correspondencia. Por medio de la iglesia aprendí a vivir una vida cristiana.

Sin duda, las iglesias a las que asistí tenían ciertas doctrinas y me enseñaron a vivir conforme a esas doctrinas. Pero nunca una iglesia «me dijo cómo vivir». Las religiones te dicen cómo vivir, y yo nunca he formado parte de una religión. Las iglesias te demuestran el amor de Dios y te enseñan a caminar con Él. Puesto que puedo ver cómo me ha amado Dios, y puedo llegar a conocerlo y saber lo que le agrada a través de la lectura de la Biblia, elijo voluntariamente vivir mi vida de una manera que le agrade. Elijo vestirme o no vestirme de cierta manera. Elijo ir o no ir a ciertos lugares. Yo elijo hablar o no hablar de cierta manera. Pero la iglesia nunca me dice cómo debo vivir. Hacerlo sería pasar a ser una religión, y por ende, no sería una iglesia o el cristianismo.

Considera los **Diez Mandamientos** del Antiguo Testamento como un simple ejemplo. Mediante estos mandamientos Dios enseñó a Su pueblo cómo quería que vivieran porque los amaba y quería protegerlos. Cuando leemos el Nuevo Testamento, aprendemos que Dios quiere darnos una vida en abundancia. Vivir de acuerdo con los Diez Mandamientos nos ayuda a vivir esa vida en abundancia porque nos ayuda a desarrollar relaciones profundas y sanas con Dios, nuestros padres y con otras personas. También nos protege de las cargas emocionales y mentales de vivir engañados y de esforzarnos por «estar al día con los demás». Así es como Dios nos ama y nos protege y cómo aprendemos a vivir cuando asistimos regularmente a la iglesia.

Consideremos ahora las religiones. Las religiones consideran que adherirse a los Diez Mandamientos u otro libro de reglas es necesario para ir al cielo. Al obedecerlas y al cumplir con muchos otros requerimientos, las personas que practican la religión piensan que ganan la vida eterna o algún otro tipo de recompensa. Las religiones les dicen a sus seguidores cómo deben vivir.

Papá, nunca he formado parte de una religión. Pero sí me esfuerzo por vivir una vida cristiana según las enseñanzas de la Biblia, y mi iglesia me ayuda a hacerlo. Estoy agradecida por las enseñanzas y la orientación que recibo por parte de mi iglesia. Y me esfuerzo por enseñar a otros el amor de Dios y lo que a Él le agrada para que inicien una relación con Dios y vivan una vida en abundancia. Así que, papá, en respuesta a tu inquietud expresada hace tantos años, no voy a una iglesia que me dice cómo vivir. Voy a una iglesia que me ama lo suficiente como para enseñarme a desarrollar una relación estrecha e íntima con Dios para tener una vida en abundancia.

De mí, ¡la que siempre quiso ser «tu pequeña»!

Julie

La Diferencia Entre Religión y Cristianismo

Recuerdo claramente el día en que papá y yo tuvimos la discusión que describí en mi carta. Conocía a papá lo suficientemente bien como para saber que no iba a la iglesia. Sin embargo, nunca le había oído hablar sobre la iglesia. Y cuando hizo esa afirmación: «Está bien ir a la iglesia, siempre que la iglesia no te diga cómo vivir», escuché resentimiento en su voz. Me sorprendió tanto esa declaración que no pude pedirle que me explicara qué quería decir o por qué se sentía así. Sinceramente, no sabía ni qué decir. Así que cambié el tema por algo menos emotivo. Después de todo, no estaba acostumbrada a escuchar tanta emoción en la voz de papá.

Aunque en la carta anterior le di a papá una explicación sencilla y un ejemplo entre religión y cristianismo, reconozco que la diferencia no es en blanco y negro. Incluso cuando nos esforzamos por vivir una vida cristiana, es fácil caer en una visión errónea y legalista. Pero antes de entrar en eso, recordemos primero lo que es una religión.

Me gusta especialmente la siguiente definición: «La religión es el intento de la humanidad de llegar a Dios o a lo sagrado o divino. Supone un esfuerzo humano para llegar a ser aceptable para Dios o para dar sentido a la propia vida».[1]

Mike Mazzalongo explica los principios básicos de varias religiones en *What Other Religions Teach About Salvation* [Lo Que Otras Religiones Enseñan Sobre La Salvación].[2] Las distingue del cristianismo por quién lleva la responsabilidad de obtener la salvación, sea cual sea la salvación que exprese la religión en particular. Reconociendo que hay muchas creencias y tradiciones diferentes en cada religión, reduce los requisitos principales de cada una de ellas a una simple descripción. Considere el islam y el hinduismo como ejemplos.

Según el islam, explica el Sr. Mazzalongo, una persona accede a la salvación practicando y repitiendo los cinco pilares del islam: 1) Confesar que

Muhammad es el Profeta; 2) Ayunar; 3) Peregrinar; 4) Dar limosna/ofrendas; y 5) Orar cinco veces al día. Es responsabilidad de la persona obtener la salvación a través de estas acciones. Curiosamente, el Sr. Mazzalongo señala que la práctica fiel de los pilares no es suficiente para asegurar la salvación. Alá puede seguir encontrando a la persona deficiente. La única manera de obtener la salvación con certeza en el Islam es morir mediante la yihad. De nuevo, la salvación se obtiene a través de las acciones de la persona.

El hinduismo es otro ejemplo de religión. En el hinduismo, explica el Sr. Mazzalongo, el objetivo es «fusionarse con Brama» (o Brahman, como se comenta en otros escritos sobre el hinduismo) en lugar de pasar una eternidad en un lugar llamado cielo. Una persona hace esto eliminando el mal en su vida hasta que es lo suficientemente pura para fusionarse con Brama. Por lo general, esto no se logra en una sola vida. Por lo tanto, cada persona busca la pureza a la vez que vive una sucesión de vidas a través de la reencarnación. La fusión con Brahman termina el ciclo de la reencarnación.[3]

Un escrito más exhaustivo sobre el hinduismo explica los deberes eternos de «la honestidad, la abstención de dañar a los seres vivos, la paciencia, la indulgencia, el autocontrol, la virtud y la compasión, entre otros».[4] No obstante, es imposible reducir las creencias del hinduismo a una simple afirmación porque, como explica el escritor, el hinduismo «no tiene un orden eclesiástico, ni autoridades religiosas indiscutibles, ni un órgano de gobierno, ni profeta(s), ni ningún libro sagrado de carácter obligatorio».[5] La lista de estos deberes sigue siendo consistente con la afirmación del Sr. Mazzalongo, esto es, que la carga de lograr el objetivo final en virtud de la religión recae sobre la persona que busca ese objetivo.

Entonces, ¿en qué se diferencian estas religiones del cristianismo? Según el Sr. Mazzalongo, «el cristianismo es la única religión en la que la oferta y la carga de lograr la salvación recae únicamente en Dios, y el hombre no puede hacer nada por sí mismo para merecer o lograr su salvación. La salvación desde una perspectiva cristiana es posible y está disponible para todos».[6]

El apóstol Pablo le aclara a la iglesia de Éfeso que somos salvos por gracia mediante fe, y no por nuestros propios esfuerzos.[7] Por lo general, los cristianos no viven de acuerdo con la Biblia porque están tratando de obtener la salvación. En cambio, vivimos según las enseñanzas bíblicas debido a que amamos a Dios y queremos agradarle. Sin embargo, como somos humanos, a veces confundimos la línea que separa la adopción de las enseñanzas de Jesús por amor de la obligación de ganarse la salvación. Es entonces cuando se hace difícil reconocer la diferencia entre una religión y el hecho de ir a una iglesia que «dice cómo vivir», como aparentemente experimentó papá.

Viviendo la Diferencia

Si vivo de forma consistente conforme a las enseñanzas de la Biblia, ¿qué diferencia hay en que lo haga como una obligación para obtener la salvación (religión) o por amor y profunda relación con Jesús? ¿No es el resultado final el mismo: pasar la eternidad en el cielo? Tal vez, pero probablemente no. Permítame explicarle.

En primer lugar, considere por qué Jesús murió por usted. «Porque de tal manera amó Dios al mundo, que ha dado a su Hijo unigénito, para que todo aquel que en él cree, no se pierda, mas tenga vida eterna».[8] Jesús murió por usted y por mí porque nos ama. Y sufrió la angustia y las atrocidades de una crucifixión romana con el fin de reconciliarnos, trayéndonos de vuelta a nuestra relación con Dios.[9] No lo hizo sólo para poder amarnos. No, Él quería una relación con nosotros, una relación de dos vías construida a partir del amor.

Estar en una relación recíproca con nosotros era tan importante para Dios que tres de los cuatro escritores de los Evangelios registraron las palabras de Jesús explicando el gran mandamiento: «Amarás al Señor tu Dios con todo tu corazón, y con toda tu alma, y con toda tu mente».[10] Este mandamiento no se originó en el Nuevo Testamento con Jesús. Él estaba citando el mayor mandamiento dado directamente por Dios a Moisés en el Antiguo Testamento.[11] Incluso en el Antiguo Testamento, Dios enseñaba a Su pueblo cómo vivir una vida en abundancia, observando estas prácticas «para que te vaya bien en la tierra que fluye leche y miel, y os multipliquéis».[12]

¿Qué significa esto? Va más allá de la mera adhesión a los Diez Mandamientos, la letra de la ley en contraposición a su intención. Por ejemplo, los Diez Mandamientos no hablan del ayuno. El Día de la Expiación era la única ocasión establecida para el ayuno, pero su validez «cesó cuando Jesús hizo el sacrificio universal en la cruz».[13] No obstante, muchas personas siguen ayunando hoy en día. ¿Por qué? Porque aman al Señor y quieren servirle completamente.

En las Escrituras, hay numerosas razones para ayunar, incluyendo el luto,[14] buscar la voluntad de Dios a la hora de tomar decisiones y nombrar líderes,[15] enfrentarse a situaciones difíciles o peligrosas,[16] recibir claras instrucciones de Dios,[17] humillarse y pedir la misericordia de Dios[18] y antes de iniciar un ministerio.[19] A pesar de que el ayuno va más allá de las estipulaciones de las Escrituras, las personas que ayunan por amor a Dios lo hacen para acercarse a Él, conocer Su voluntad en sus vidas y buscar Su protección y misericordia. Esto forma parte de la relación que Dios busca cuando nos pide que le amemos con todo nuestro corazón, con toda nuestra alma y con toda nuestra mente.

Pero hay otra manera de aplicar las enseñanzas bíblicas a nuestra vida. Algunas personas se esfuerzan por hacer todo lo que la Biblia enseña, pero lo hacen para obtener la salvación. Esto se llama «legalismo» y da al cristianismo la apariencia de una religión. Conecta las acciones de una persona con el hecho de alcanzar la salvación o la justicia. Cuando se vive de forma legalista, la persona teme violar cualquiera de los mandatos y enseñanzas de la Biblia porque hacerlo le llevaría a perder su salvación. Y no aplican esta visión únicamente a su propia salvación. En el libro *Words of Endearment: The Ten Commandments as a Revelation of God's Love* [Palabras de Amor: Los Diez

Mandamientos como Revelación del Amor de Dios], el Dr. William Coker, padre, explica que los legalistas de hoy en día son como los fariseos del Nuevo Testamento, que esperan por ahí «listos para atacar a cualquiera que infrinja la Ley».[20] Además, explica que los legalistas «se hacen la vida imposible a sí mismos y a todos los demás».[21] Esto es lo que probablemente experimentó papá, lo que lo hizo advertirme que no fuera a una iglesia que me dijera cómo vivir.

Retomemos el ejemplo del ayuno. Tanto en el Antiguo Testamento como en el Nuevo Testamento, Dios se enfrentó a las personas debido a que ayunaban por razones equivocadas.

En Isaías 58, Dios corrigió al pueblo que ayunaba para hacer oír su voz, deleitándose en acercarse a Dios por la apariencia de hacerlo.[22] Describió los fines equivocados de su ayuno, «para contiendas y debates ayunáis y para herir con el puño inicuamente».[23] Este no era un ayuno que agradara al Señor, sino que el pueblo lo realizaba para parecer justo.

En la parábola del fariseo y el publicano, Jesús provocó a los fariseos, los líderes religiosos de Su tiempo, para que distinguieran la diferencia entre confiar en sus propias acciones para obtener justicia y acercarse humildemente a Dios.[24] Relató una historia sobre dos hombres que entraron en el templo a orar: uno era fariseo y el otro recaudador de impuestos. Los recaudadores de impuestos eran vistos por los judíos como los más viles de los pecadores porque trabajaban para Roma, y por su propia codicia y deseo de bienestar material, recolectaban más dinero de los judíos de lo que se debía a Roma.

En esta parábola, el fariseo se comparó con otros hombres, incluyendo al recaudador de impuestos.[25] Mientras oraba, proclamaba su propia justicia. Además, recitaba sus propias rutinas de ayuno dos veces a la semana y el diezmo de todo lo que poseía como prueba de su propia justicia.[26]

En cambio, el recaudador de impuestos se acercó humildemente a Dios, sin siquiera levantar los ojos al cielo, y le pidió misericordia al reconocer su pecado.[27] Jesús llegó a la conclusión de que era el recaudador de impuestos, no el fariseo, quien estaba justificado, lo que significa que era perdonado y justo.[28]

Tanto los religiosos del Antiguo Testamento como los fariseos del Nuevo Testamento ayunaban para alcanzar su propia justicia. No lo hicieron por amor a Dios. No fueron capaces de alcanzar la justicia a través de su propio enfoque legalista con respecto a Dios. Por otro lado, el recaudador de impuestos amaba a Dios y se acercó humildemente a Él, pidiendo misericordia y perdón, reconociendo que Dios es la fuente de la salvación, no él mismo. Recibió, como don de la gracia, la salvación del Señor.

Incluso hoy en día algunos cristianos temen perder su salvación si violan alguno de los Diez Mandamientos, otras enseñanzas bíblicas o prácticas establecidas por sus iglesias. Estuve casada con mi esposo durante muchos años antes de darme cuenta de que él enfocaba su relación con Dios de manera legalista, siguiendo una lista de lo que se debe y no se debe hacer. No obstante, en aquel momento no lo habría reconocido como tal ni lo habría llamado así; él reconocería que su relación con Dios era de obediencia... solamente. No sentía el amor de Dios. Ciertamente no sentía el gozo del Señor. Pero hizo lo que le enseñaron a hacer mientras crecía para obtener la salvación, lo cual incluía asistir regularmente a la iglesia,[29] diezmar,[30] amarse los unos a los otros[31] y una innumerable cantidad de cosas que no se deben hacer. No podía sentir el gozo del Señor porque estaba muy preocupado por no infringir ninguna de las reglas que le habían enseñado a obedecer. Para él, en ese momento, servir al Señor era un deber, una obligación y hacer lo contrario significaría pasar la eternidad en el infierno. Obviamente, él no quería eso.

Afortunadamente, tanto para mi esposo como para mí, él llegó a comprender el amor que Dios tiene por él. Empezó a darse cuenta de que hay gozo en servir al Señor, y que los errores involuntarios, los que técnicamente se considerarían pecado, no son ni serán una amenaza para su relación con Dios.[32] Incluso comenzó a entender que ganaba fuerza mediante el gozo del Señor.[33] Fue solo después de esta comprensión que fue capaz de amar al Señor y verlo en cada área de nuestras vidas, lo bueno y lo malo, y ser agradecido.

La forma en que nos acercamos a Dios y buscamos nuestra salvación marca la diferencia. Nunca llegaremos a hacer algo para merecer la gracia, la misericordia y la salvación de Dios. Acercarse a Dios de forma legalista obstaculiza nuestro objetivo de pasar la eternidad con Dios porque se centra en nuestra propia capacidad para lograr la salvación; y como seres humanos, no tenemos la fuerza para obedecer cada enseñanza bíblica sin la ayuda del Espíritu Santo y el gozo del Señor. Y el legalismo no hará crecer nuestro amor por Él. Por otro lado, por la gran misericordia de Dios, Él nos concederá la salvación cuando acudamos a Él humildemente, confesando nuestros pecados y adhiriéndonos al plan de salvación establecido en su Palabra. Al hacerlo, aprendemos a amar al Señor con todo el corazón, mente y alma, y elegimos nuestras acciones en consecuencia. ¿Hay cosas que hacer y cosas que no hacer en la Biblia? Por supuesto que las hay, pero nos las ha dado un Padre amoroso que sabe lo que necesitamos para vivir una vida en abundancia. Adoptar y adherirse a esas normas en nuestra propia vida porque amamos al Señor es el enfoque adecuado para nuestra relación con Dios y nos llevará a una vida en abundancia, a un amor más profundo por Dios y a una eternidad con Él.

¿Qué Debe Hacer un Padre?

Puede parecer extraño que incluya esta discusión en un libro sobre cómo Dios nos ha criado. Pero nuestros padres tienen mucho que ver con la forma en que vemos a Dios. Según Jay Payleitner en su libro 52 Cosas que las Hijas Necesitan de Sus Papás, a los padres «se les ha dado la responsabilidad de proteger a nuestras familias y darles la oportunidad de cumplir con el llamado de Dios en sus vidas aquí en la tierra».[34] La Dra. Meg Meeker en su libro Padres Fuertes, Hijas Felices: 10 Secretos que Todo Padre Debería Conocer explica que los hijos se dirigen a sus padres en busca de respuestas sobre Dios, independientemente de que el padre crea o no en Dios.³⁵ Y si sí cree, el niño querrá saber cómo es Dios.³⁶

Para mí, incluso si papá hubiera estado presente en mi vida mientras crecía, no habría sido capaz de señalarme el camino hacia Dios. Su rencor hacia la iglesia me lo habría transmitido sin duda. Pero Dios tenía un plan diferente para mi vida. Dios utilizó a mi abuela para introducirme en la iglesia y conectarme con el cuerpo de Cristo en la iglesia. A través de esas conexiones, tanto con jóvenes de mi edad como con adultos, desarrollé una relación con Dios.

Dios nos atrae hacia Él. Jesús enseñó a las multitudes que lo buscaban que nadie puede venir a Él a menos que Dios lo atraiga.³⁷ El Dr. Curt Dodd explica que Dios nos atrae con la ayuda de su Palabra, su gente, su Espíritu y nuestras circunstancias.³⁸ Dios me crió atrayéndome hacia Él. Primero me atrajo mediante mi abuela. Ella me hablaba del amor de Dios y se aseguraba de que pudiera participar activamente en la iglesia los domingos y los miércoles. Luego me atrajo a través de las personas de la iglesia que también me mostraron el amor de Dios y me inculcaron el amor por su Palabra. Al escuchar y leer la Palabra de Dios, descubrí más sobre el carácter de Dios y cómo acercarme a Él. Y su Palabra me equipó para hacer Su voluntad.³⁹ Sin la Palabra de Dios, nunca habría estado preparada para hacer Su obra en Costa Rica.

Dios también nos atrae por el Espíritu Santo al declararnos culpables de nuestro pecado. Jesús explicó a Sus apóstoles que, una vez que Él se marchara de la tierra, el Espíritu Santo vendría a declararnos culpables de nuestros pecados y a demostrar el juicio de Dios sobre el pecado y la justicia.⁴⁰ Es a través del Espíritu Santo, no de las enseñanzas de papá, que aprendí sobre mi pecado y sobre mi necesidad de Dios.

La Dra. Meeker explica que los medios de comunicación suelen tratar la creencia en Dios y la participación activa en la adoración en la iglesia o el templo como algo «represivo, anticuado, poco realista, poco inteligente y quizá incluso psicológicamente perjudicial para los niños».⁴¹ Probablemente papá habría estado de acuerdo con esta opinión, ya que consideraba que las iglesias dicen cómo hay que vivir. Pero, «la evidencia estadística dice algo muy diferente».[42]

Los estudios sobre adolescentes indican que la creencia en Dios y la participación activa en la adoración en la iglesia o el templo, la asistencia a grupos de jóvenes y la participación en actividades cristianas (denominadas «religiosas» por los estudios) protegen a los niños.[43] La Dra. Meeker presenta una larga lista del impacto positivo que la participación activa en las actividades de la iglesia tiene en los jóvenes, tal y como demuestran varios de esos estudios. Considere estos ejemplos:

- Ayuda a los niños a mantenerse alejados de las drogas, la actividad sexual y de fumar.[44]
- Proporciona a los niños orientación moral y sentimientos de seguridad psíquica y mental.[45]
- Fomenta su madurez en la transición de la infancia a la adolescencia.[46]

Papá no estaba preparado para protegerme y proporcionarme oportunidades para cumplir con el llamado de Dios en mi vida a pesar de tener la responsabilidad de hacerlo. No podría haberlo hecho aunque hubiera sido parte activa de mi vida mientras crecía. Pero Dios estaba allí para criarme y me proporcionó toda la orientación que necesitaba para encontrarlo. No me malinterpreten, la iglesia no me libró de todas las luchas habituales de la juventud. Sin embargo, Dios siempre estuvo ahí como un buen Padre que me guiaba por el camino correcto. Y cuando tomé otro camino, siempre supe que Dios estaría allí cuando regresara. Y efectivamente volví.

Contemple Cómo Dios le ha Atraído Hacia Él

Le animo a considerar en oración su relación con Dios y con la iglesia.
- ¿Se esfuerza por vivir de acuerdo con las enseñanzas bíblicas por

miedo a perder su salvación si no lo hace? Si es así, busque escrituras sobre la gracia de Dios e inclúyalas en sus oraciones, agradeciendo a Dios por Su gracia. Algunas buenas escrituras sobre la gracia incluyen las mencionadas en este capítulo: Efesios 1:3-6, Efesios 2:8-9 y 2 Corintios 8:9.

_____
_____
_____
_____
_____

- ¿Se esfuerza por vivir de acuerdo con la Palabra de Dios debido al profundo amor que siente por su Salvador, quien pagó un precio tan grande por su alma? Examine su vida y vea cómo Dios le ha criado atrayéndole a Él y a Su verdad.

_____
_____
_____
_____
_____

Anote estas cosas para contemplarlas en oración. Permita que Dios le muestre cómo le ha criado mientras lee el siguiente capítulo sobre Dios como nuestra figura de autoridad.

5

Figura de Autoridad:

Él es la Fuente de Nuestro Apoyo y Guía

¡Hola Papá, soy yo!

Hoy estoy pensando en la autoridad. Estoy segura de que suena extraño. ¿Acaso la mayoría de los niños no se resisten a la autoridad? Supongo que es así, pero hubo momentos en mi vida en los que necesité una figura de autoridad. Necesitaba a alguien a quien poder acudir.

Sin lugar a dudas, estuviste ahí cuando pasé por el divorcio, como mencioné en una carta anterior. Te pedí ayuda porque estaba en California, sola, sin medio de transporte. Me ayudaste firmando conjuntamente un préstamo para un auto. Estuve muy agradecida por esa ayuda financiera. Sin embargo, también hubo otros momentos en mi vida en los que necesité orientación, apoyo y una mano de ayuda.

Ahora, cuando pienso al respecto, una de esas situaciones fue cuando estaba en la secundaria y contemplaba la posibilidad de ir a la universidad. Tenía muchas ganas de ir a la universidad. Sin embargo, nadie en mi familia había ido a la universidad y tampoco tenía la menor idea de cómo orientarme para seguir una educación universitaria. No era una estudiante que llamara la atención de los consejeros en la escuela. Nadie me buscaba para animarme y ayudarme a entender lo que tenía que hacer como estudiante para prepararme para el proceso de admisión a la universidad. Está claro que no había edificado un expediente académico en la secundaria ni participaba en actividades extracurriculares que me hubieran permitido completar una solicitud que fuera atractiva para los reclutadores universitarios.

Recuerdo una de las pocas veces en mi vida que me senté en tu mesa con tu segunda familia. Tu hijo contó una historia sobre cómo le habías ayudado a tomar una decisión de última hora sobre la universidad a la cual debería asistir. Supongo que le habrás animado a ser un buen estudiante mientras estaba en la secundaria y le habrás ayudado a prepararse para todo el proceso de solicitud de la universidad. Probablemente estaba involucrado en actividades extracurriculares. Y tenía una atractiva solicitud universitaria.

Según recuerdo, varias universidades aceptaron su solicitud y le ofrecieron becas. Había aceptado la invitación de una universidad, pero mientras se preparaba para ir, tenía la sensación de que debía ir a otra. Una semana antes del inicio del semestre te compartió sus preocupaciones. Le diste el valor de guiarse por sus instintos y contactar a esa segunda universidad. En el último momento, pudo cambiar de universidad e ir a la que su instinto le guiaba. Mientras contaba esa historia en tu comedor, expresó lo agradecido que estaba por tu orientación y por cómo le permitiste tomar una buena decisión, aunque fuera un poco tarde en el proceso. Ese día, en tu mesa, pensé: «Qué historia tan bonita. ¿Sería mi vida diferente si hubiera tenido esa clase de amor y orientación?».

Aunque desearía haber experimentado ese tipo de orientación de ti como mi figura de autoridad, no tienes que sentirte culpable por no haber estado allí guiándome en esos momentos de mi vida. Dios cumplió con ese papel. No voy a actuar como si hubiera abierto la Biblia y me hubiera dicho: «Ve a esta universidad». Tampoco vino nadie a decirme: «Esto dice el Señor...». Pero Dios me guió usando amigos que tenían padres que los guiaban.

Un día, en la mesa de la escuela, una amiga comenzó a hablar sobre todos los folletos universitarios que estaba recibiendo. Todos eran de universidades cristianas. Le pregunté por qué los recibía, y me explicó cómo se había registrado para recibir información y las universidades cristianas empezaron a reclutarla. Era algo de lo que nunca había oído hablar. Aquella noche volví a casa y llené una ficha de inscripción que ella había compartido conmigo de una revista cristiana y la envié por correo. Pronto empecé a recibir también folletos de la universidad.

Todavía no sabía cómo proceder, aunque empecé a contemplar seriamente la posibilidad de seguir una educación universitaria. A causa de algunos cambios en mi vida en el hogar, no pude asistir a la universidad en ese momento. Pero el sueño se estaba gestando en mi cabeza. Mientras terminaba mi último año de secundaria, Dios me dio una dirección que utilizaría más adelante en mi vida. Finalmente, me gradué con honores magna cum laude y, mucho más tarde, me gradué del doctorado en derecho con honores *cum laude*. Dios transformó a esta estudiante de secundaria de nivel medio en una seria estudiante universitaria y de posgrado capaz de graduarse con honores.

Papá, no digo que tu orientación no me hubiera ayudado a convertirme en una buena estudiante. Pero lo que sí digo es que no hay razón para sentirse culpable por no haber estado allí, porque Dios llenó ese vacío. Entre la secundaria y la universidad, aprendí más sobre Dios y comencé a esforzarme por vivir de acuerdo a su Palabra. La primera escritura que elegí para ayudarme a guiarme fue 1 Corintios 10:31, que dice: «Si, pues, coméis o bebéis, o hacéis otra cosa, hacedlo todo para la gloria de Dios.»[1] Al esforzarme por glorificarle en todas las cosas, aprendí a estudiar y a esforzarme en mis estudios para obtener buenas calificaciones. Esa fue la orientación que necesité para lograr los honores que recibí.

De mí, ¡la que siempre quiso ser «tu pequeña»!

Autoridad Parental

Conozco a una querida y dulce joven a la que he visto formar grupos desde la infancia. Como todos los adolescentes, estaba muy apegada a su celular y al Internet. Desafortunadamente, hay muchos depredadores en Internet, y ella fue presa de unos cuantos. Pero lo que realmente me sorprendió al verla crecer fue la forma en que respondió a los esfuerzos de sus padres por protegerla.

Esta joven expresaba con frecuencia un fuerte descontento por el hecho que sus padres eran excesivamente protectores y vigilaban su uso del celular y del Internet. Incluso llegando al final de su adolescencia, tenía un horario para apagar el teléfono. Sus padres vigilaban su ubicación por medio de su teléfono cada vez que salía de casa. Esto no le gustó a esta joven.

Por otro lado, cada vez que la joven se metía en situaciones difíciles que no sabía cómo manejar, empezaba a comportarse mal o a descuidar su teléfono para que sus padres descubrieran lo que estaba pasando e intervinieran para ayudarla. Este es un muy buen ejemplo de la relación de amor/odio que los seres humanos tenemos con la autoridad.

La Dra. Meeker explica: «Es un principio fundamental del comportamiento humano que tener una autoridad nos hace sentir bien».[2] Esto suena extraño si tenemos en cuenta que muchos de nosotros hemos crecido resistiendo cualquier autoridad, no sólo durante nuestros años de secundaria sino, para algunos de nosotros, durante toda nuestra vida. Cuando mis tres hijos llegaron a la adolescencia, ¡llegué a la conclusión que Dios nos dio los años de la adolescencia para que al final de estos los hijos estuvieran listos para dejar el nido y los padres estuvieran listos para dejarlos volar! Y unos treinta años después, sigo creyendo eso mientras veo a mis nietos pasar por la adolescencia.

La Dra. Meeker explica con más detalle a qué se refiere cuando habla de sentirse bien con una figura de autoridad.

Aunque instintivamente queremos rechazarla [a la autoridad], cuando el cielo se nos viene encima, corremos hacia ella. Cuando nos enfrentamos a cualquier problema, a cualquier reto, a cualquier situación de la que no podemos salir por nuestros propios medios, queremos a alguien que tenga respuestas, a alguien que nos ofrezca apoyo, a alguien que nos ofrezca una mano amiga y que sepa qué hacer.[3]

Esto es exactamente lo que hacía esta querida y dulce joven cuando se encontraba en situaciones que no podía manejar. No acudía directamente a sus padres en busca de ayuda, sino que actuaba de tal forma para llamar su atención, o hacía algo que les hacía exigir que les entregara su teléfono para que pudieran revisarlo y averiguar qué estaba pasando. Esta joven, aunque se resistía casi constantemente a la autoridad de sus padres, atesoraba la seguridad de esta cuando la necesitaba. Cuando se metía en un problema que no podía manejar, acudía a sus padres. Y sus padres siempre la ayudaban a superarlos.

La Autoridad de Dios

Cuando consideramos la autoridad de Dios, frecuentemente consideramos Su soberanía. Dios declaró a Jeremías: «He aquí que yo soy Jehová, Dios de toda carne; ¿habrá algo que sea difícil para mí?».[4] Y el rey de Israel, David, proclamó el poder de Dios en la oración cuando oró: «Tuya es, oh Jehová, la magnificencia y el poder, la gloria, la victoria y el honor; porque todas las cosas que están en los cielos y en la tierra son tuyas. Tuyo, oh Jehová, es el reino, y tú eres excelso sobre todos».[5] Incluso Job, después de haber sido corregido por el Señor, se arrepintió y proclamó: «Yo conozco que todo lo puedes, y que no hay pensamiento que se esconda de ti».[6] Reconociendo este gran poder del Señor tanto en el cielo como en la tierra, podemos ser incapaces de considerarlo como un Padre activo en nuestras vidas. Conocemos el poder y la autoridad que tiene. Sin embargo, cuando necesitamos ayuda, orientación y apoyo, no solemos pensar en Él como el Padre al que podemos acudir.

Dios es más que nuestro Padre por título. Nos cría activamente. Es más que un gobernante con puño de hierro. Él tiene poder y autoridad para hacer todas las cosas. ¿Pero qué es lo que quiere hacer? Quiere criarnos.

Jesús nos llama para que acudamos a Él cuando estemos agotados por nuestro trabajo, ¡y me atrevo a decir que por nuestro empeño en mantener todo en orden en nuestras vidas![7] Como un buen padre quiere ayudarnos a encontrar el reposo de nuestras cargas. ¿Cuántas veces corremos de un lado a otro buscando la orientación, el apoyo y la ayuda de otras personas cuando nos encontramos con una situación que no sabemos cómo manejar?

Al poco tiempo de que nació Trisha, enfermó gravemente. Tenía problemas respiratorios. Cuando era una bebé, dormía en una cuna junto a mi cama. Cuando dormía, a menudo no podía respirar. Me despertaba por sus horribles jadeos y su tos. Tenía que mantenerla erguida para que pudiera respirar. Esto sucedía cada vez que la acostaba, incluso para las siestas. No podía respirar cuando estaba recostada horizontalmente.

Como una madre sin experiencia, busqué consejo y ayuda de cualquiera que quisiera escuchar mis preguntas. Los médicos no fueron de mucha ayuda. Al final cayó en la rutina de estar en el hospital durante dos semanas en una cámara de oxígeno para limpiar sus pulmones, y luego estar en casa y en la guardería durante dos semanas hasta que el problema se volviera tan grave para volverla a ingresar en el hospital. Este ciclo de dos semanas dentro y dos semanas fuera del hospital continuó durante meses. Para llevarla a la guardería, cosa que tenía que hacer porque era madre soltera y tenía dos trabajos para pagar las facturas médicas, tenía que llevar dos pañaleras. Una estaba llena de las medicinas que debía tomar, mientras que la otra tenía su fórmula normal, pañales y ropa extra.

Durante este tiempo, ¿llevé mis problemas a mi Padre celestial? No. Como muchas personas, corrí de persona en persona buscando consejo; la llevé de médico en médico tratando de encontrar una respuesta. Hice todo esto mientras tenía dos trabajos. Estaba agotada. Pero en aquel momento, como muchos de nosotros, no pensé en acudir a mi Padre celestial para que me guiara, me apoyara y me ayudara. No busqué el reposo que Él prometió en su Palabra. Sin embargo, Él estaba allí llamándome todo el tiempo.

Dios quiere que acudamos a Él con nuestras necesidades. Quiere que pongamos todas nuestras preocupaciones en Él.[8] Al poner nuestras preocupaciones sobre Sus hombros, experimentamos la paz que sobrepasa todo entendimiento humano.[9] Este es el reposo que Él anhela darnos.

No fue hasta muchos años después que aprendí cuánto podía confiar en el Señor, y cómo al hacerlo, Él me guiaría hacia la ayuda y el reposo que necesitaba. De nuevo, fue cuidando a mis propios hijos que aprendí a confiar en Jesús.

Lo que voy a compartir ahora es muy sensible y será difícil de entender para muchos. No habría entendido la historia de otra persona si no la hubiera vivido yo misma con mi propio hijo. Y por favor, sepan que tengo el permiso de mi hijo, ahora adulto, para contar esta historia.

Mi hijo, Jason, era un niño muy inteligente. En segundo grado leía a un nivel de quinto grado. En la primaria, cuando se sometió a los exámenes estandarizados, obtuvo una puntuación de noventa y nueve por ciento. Por supuesto, como padres, mi esposo y yo nos alegramos de ver su ansia por aprender. Con frecuencia llegaba a casa de la escuela y acudía a nuestra Enciclopedia Británica para leer más sobre un tema que acababa de aprender. Pero a veces la gran inteligencia va acompañada de luchas sociales y emocionales. Y eso resultó ser cierto para Jason.

Una noche, mientras preparaba la cena, mi hija de diez años se acercó a mí y me dijo que Jason estaba regalando todas sus cosas porque planeaba suicidarse al día siguiente. «¿Qué?» Recuerdo que estaba totalmente desconcertada, como probablemente lo esté usted al leer esto. ¿Cómo puede un niño de siete años estar sufriendo tanto como para querer suicidarse? Y

¿cómo puede un niño de siete años planear algo así? «¡Esto realmente no puede estar sucediendo!»

Sabía lo suficiente sobre el progreso de la depresión y el suicidio a raíz de mi educación universitaria como para saber que poner las cosas en orden, como regalar cosas y hacer un plan, eran dos de los últimos pasos antes de intentar suicidarse. Así que me lo tomé muy en serio.

Después de hablar con Jason, de consultar a su consejero escolar y de clamar desesperadamente a Dios, mi esposo y yo buscamos a un psiquiatra infantil que constató que Jason estaba pasando por dificultades y que, de hecho, tenía pensamientos suicidas. Tuvimos que tomar la decisión más difícil de nuestras vidas en ese momento y también desde entonces. Permitimos que el psiquiatra ingresara a Jason en un hospital psiquiátrico durante treinta días. «Oh, Dios, ¿cómo puede estar pasando esto? Señor, ¿estamos tomando la decisión correcta? El riesgo de una mala decisión es demasiado grande, Señor. ¡Oh, Dios, guíanos!».

En los años 80, incluso para los adultos, admitir que se tenía un problema emocional era muy controversial, especialmente en los círculos cristianos. Personas bien intencionadas le aconsejaban que no necesitaba ayuda psiquiátrica ni medicamentos, que sólo necesitaba tener más fe en Dios. Con ese tipo de presión, no sentíamos que pudiéramos consultar a nuestro pastor o a los amigos de la iglesia en busca de apoyo. Además, una vez que los profesionales determinaron que Jason tenía un plan que ciertamente habría tenido éxito, las cosas se movieron tan rápido que no tuvimos tiempo de contactar a nadie para recibir consejo y apoyo espiritual. Si no recuerdo mal, Jason ingresó al hospital el día siguiente que nos enteráramos de su plan.

Espero que al leer esto se sienta conmocionado y no pueda ni imaginarlo. Una reacción de conmoción ante esta historia indicaría que nunca ha pasado por algo así, algo por lo que ruego que sea cierto. Pero todos tenemos experiencias en nuestra vida que nos golpean y no sabemos hacia dónde dirigirnos. Eso es lo que fue esta experiencia para nosotros.

¿Cómo me crió Dios durante este tiempo? Vino a mí a través de su Palabra. Poco antes de que todo esto ocurriera, nuestro pastor había predicado sobre la parábola del alfarero y el barro de Jeremías 18. Durante los treinta días de hospitalización y los tres años de atención psiquiátrica que Jason necesitó, Dios no dejó de acordarme de esa parábola.

> Palabra de Jehová que vino a Jeremías, diciendo: Levántate y vete a casa del alfarero, y allí te haré oír mis palabras. Y descendí a casa del alfarero, y he aquí que él trabajaba sobre la rueda. Y la vasija de barro que él hacía se echó a perder en su mano; y volvió y la hizo otra vasija, según le pareció mejor hacerla. Entonces vino a mí palabra de Jehová, diciendo: ¿No podré yo hacer de vosotros como este alfarero, oh casa de Israel? Dice Jehová. He aquí que como el barro en la mano del alfarero, así sois vosotros en mi mano, oh casa de Israel.[10]

Durante ese tiempo, tuve que dejarme llevar y confiar en Dios. Él era el alfarero. Él estaba trabajando en Jason, incluso a esa temprana edad, para hacer de él la persona que Él quería que fuera. También estaba trabajando en mí. Pero, además de ser el Alfarero, Dios nos estaba criando a Jason y a mí: «Ahora pues, Jehová, tú eres nuestro padre; nosotros barro, y tú el que nos formaste; así que obra de tus manos somos todos nosotros».[11]

Dios nos guió, nos ayudó y nos apoyó durante este difícil período. Él era el único al que podía acudir en busca de ayuda. Papá no pudo ayudarme. Nuestro pastor no pudo ayudarme. Mis amigos no pudieron ayudarme. Sólo Dios podía brindarme la ayuda, el apoyo y la orientación que necesitaba para superar ese momento. Fue también durante ese tiempo que aprendí a confiar en que Dios dirigiría mis caminos siempre y cuando lo reconociera en todas las cosas.[12]

Dios era y es soberano, pero no es inaccesible. Él es nuestra máxima autoridad, y nos ama. Está ahí para ayudarnos y guiarnos en todo lo que la vida nos depare. Tener Su autoridad sobre nosotros nos hace sentir bien, tal como explicó la Dra. Meeker.

Contemple Cómo Dios Ha Sido Su Figura De Autoridad

En este capítulo compartí un par de situaciones difíciles que tuve que enfrentar en mi vida. En uno de los casos, corrí a pedir ayuda a todo el mundo menos a Dios, a pesar de que Él estuvo allí todo el tiempo, queriendo criarme como una figura de autoridad, dando orientación, ayuda y apoyo.

En la segunda situación, estaba tan devastada que no podía acudir a nadie más que a Dios como mi Padre y figura de autoridad. Fue en la segunda adversidad que crecí en mi relación con Dios.

- Considere los momentos más difíciles de su vida. ¿Hubo alguna situación en la que corrió de un lado a otro en busca de ayuda y nunca volvió sus ojos a Dios? ¿Hubo otra en la que Dios estaba claramente allí criándole a través de ella?

_____
_____
_____
_____

- ¿Cómo se sintió durante cada una de esas experiencias?

_____
_____
_____

- ¿Cuál de las dos ha dado lugar a un mayor crecimiento personal?

  _____
  _____
  _____
  _____
  _____
  _____

- Piense en un ejemplo en el que la autoridad de Dios le haya hecho sentirse bien, tal y como afirma la Dra. Meeker.

  _____
  _____
  _____
  _____
  _____
  _____

Anote estas cosas para contemplarlas en oración. Permita que Dios le muestre cómo lo ha criado mientras lee el próximo capítulo sobre los límites que Dios establece con amor.

6

Límites:

La Amorosa Fuente de Seguridad de Dios

¡Hola Papá, soy yo!

El otro día iba conduciendo por la carretera y me fijé en la falta de rayas en la misma. Aquí, en Costa Rica, muchas de las carreteras son estrechas, tienen curvas y no tienen rayas que delimiten los carriles o los bordes de las carreteras. Se podría pensar que esto es más peligroso en carreteras estrechas, especialmente de noche o cuando llueve, porque es difícil ver por dónde se debe conducir. Pero he comprobado que es más peligroso en las carreteras más anchas, generalmente aquellas que son muy transitadas a mayor velocidad y lo suficientemente anchas para tres o cuatro carriles. Una carretera ancha con tráfico de doble vía y sin delimitación de los carriles es bastante peligrosa. ¿Por qué? Porque los conductores que van en ambas direcciones creen que están en su propio carril, cuando en realidad están tomando una vía en el medio. Entonces, otros conductores se amontonan a un lado, convirtiendo en cuatro carriles una carretera que probablemente estaba pensada para dos carriles. Cuando dos vehículos que van en dirección contraria se dan cuenta de que ambos están en el mismo carril, no hay espacio para desplazarse porque hay vehículos en los «carriles exteriores». Estas vías sin límites suelen ser la causa de una colisión.

¿Por qué comparto esto? Porque me hizo empezar a pensar en los límites de los padres. Es de conocimiento general que los padres deben poner límites a sus hijos. Esto suele ser bastante fácil cuando los niños son pequeños. Establecer rutinas para la hora de la comida, la hora de dormir y la hora del baño es bastante normal. Estos límites tempranos dan al niño una sensación de seguridad al saber qué esperar y cuándo esperarlo. A medida que los niños crecen, enseñarles dónde pueden jugar o caminar es bastante normal. Los padres les enseñan que es seguro jugar en el jardín trasero o en un parque que esté a la vista de los padres o abuelos que los estén supervisando. Es seguro caminar por la acera, pero no por la calle (¡o correr por un estacionamiento!). Todos estos límites se establecen porque los padres aman a sus hijos y desean protegerlos.

Los límites son más difíciles de establecer a medida que los niños crecen. Los límites de los padres son necesarios para que los niños se centren en las cosas que les ayudarán a convertirse en adultos productivos, como esforzarse en la escuela, equilibrar posiblemente la escuela y un trabajo a tiempo parcial, hacer un presupuesto y ahorrar. Los límites sociales también son importantes, ya que enseñan a los niños más grandes a manejar situaciones difíciles -como que un amigo de confianza les ofrezca drogas o que alguien del sexo opuesto se les insinúe- y a mantener todas sus relaciones con respeto.

Al pensar en los límites de los padres, me di cuenta de que nunca tuviste la oportunidad de ponerme límites. No pudiste establecer toques de queda sanos para mantenerme fuera de lugares y situaciones indecorosas a altas horas de la noche. No pudiste mostrarme que era una joven digna de amor y respeto. No pudiste advertirme sobre la diferencia entre el amor y la lujuria. Pero, papá, no tienes que sentirte culpable por eso.

Dios me proveyó de todos los límites que necesitaba en su Palabra. Él me crió estableciendo límites porque me ama y busca protegerme.

¿Cumplí siempre con los límites de Dios? No. De la misma manera que yo no habría obedecido siempre los límites que tú establecieras para mí. Como todos los niños y adolescentes, sobrepasé algunos límites. Pero tenía un concepto de los límites adecuados establecidos en la Biblia. Cuando los sobrepasaba, siempre sabía a dónde podía regresar para estar a salvo. Dios siempre me extendió su amor y su perdón y solucionó las cosas para mi bien cuando las eché a perder. Cuando tenía diecisiete años, la música disco estaba de moda. Había una discoteca popular llamada *Pogo's* a unos kilómetros de la autopista donde vivía. Yo era muy activa en un grupo de jóvenes y en el coro de una iglesia que predicaba contra el baile. A pesar de esa enseñanza, varios jóvenes decidieron que querían ir a *Pogo's*. Iban con cierta regularidad con identificaciones falsas. Cuando me invitaron a ir, me pareció divertido. Encontré a alguien en nuestro grupo de jóvenes que tenía la edad suficiente para ingresar, pero no estaba interesada en ir. Usé su licencia de conducir como identificación. Funcionó. Conseguí entrar. Pasé la noche bailando con unos completos desconocidos que habían bebido. Yo no bebí, sólo pedí Coca-Cola. Los bailes en fila eran bastante inocentes. Pero cuando sonó una canción lenta, de repente me encontré en medio de la pista de baile con un total desconocido que me abrazaba con demasiada intensidad y sudaba sobre mí mientras nos balanceábamos al ritmo de la música. ¡Qué asco! Fue asqueroso.

Afortunadamente, me di cuenta de que no estaba donde debía. Mis amigos y yo nos fuimos del lugar y conduje a casa. La siguiente noche, hubo una pelea en *Pogo's* que acabó con un tiroteo en el estacionamiento.

La Palabra de Dios estableció un límite en contra de la mentira («No mintáis los unos a los otros...», Colosenses 3:9). Me enseñó a evitar los «deseos carnales», que abundaban sin control en *Pogo's* («Amados... absteneos de los deseos carnales...», 1 Pedro 2:11). Si hubiera cumplido con los límites de Dios, me habría mantenido fuera de *Pogo's*. Pero aunque desafié esos límites, mintiendo al usar una identificación falsa y pasando tiempo en un establecimiento cuyo único propósito era alimentar los deseos carnales de los jóvenes, Dios me protegió de la violencia de la siguiente noche. Y reforzó los límites en contra de ir a esos lugares asegurándose de que yo aprendiera de esa violencia. Volví a poner mi mirada en Dios y nunca más volví a *Pogo's* ni a ningún lugar parecido durante mi minoría de edad.

Los límites de Dios son para mí como las rayas de la carretera. Mientras los seguía, podía recorrer la vida con seguridad. Sin ellos, estoy segura de que habría tenido muchas más colisiones en mi vida.

De mí, ¡la que siempre quiso ser «tu pequeña»!

Julie

El Propósito de los Límites

Los padres establecen límites para sus hijos porque los aman y quieren que estén a salvo. Y quieren que se conviertan en adultos respetables y productivos.

Los padres se centran primero en la seguridad física. Cuando no están en casa, colocan almohadas alrededor de las superficies planas y elevadas en las que acuestan a su bebé durante la siesta. Les enseñan a no jugar con los tomacorrientes ni a tocar la estufa caliente. Colocan candados para niños en los armarios que contienen productos químicos y otras cosas que pueden dañar a sus hijos.

A medida que los bebés crecen, los padres establecen límites físicos alrededor de sus casas, colocando puertas para mantenerlos alejados de las escaleras o utilizando un corral para mantener a sus bebés en un lugar seguro cuando los padres no pueden vigilarlos, como cuando están cocinando o atendiendo a otros niños.

Cuando los niños caminan bien, los límites físicos dejan de ser efectivos. Los padres deben fijar los límites explicando lo que es seguro y lo que no lo es. No cruces la calle sin mirar antes a ambos lados. Permanece en el jardín trasero cercado. No hables con extraños. Si te pierdes, acude a una persona uniformada para que te ayude.

Con el tiempo, los padres enseñan a sus hijos a respetar a los mayores y a hablar con respeto. Les orientan para que se mantengan alejados de los cigarrillos, las drogas y la actividad sexual. Y les enseñan a buscar un buen futuro a través de la educación, un trabajo de tiempo parcial y/o el voluntariado.

El propósito de todos estos límites es mantener a los niños a salvo y enseñarles a interactuar en la sociedad. Y los padres establecen estos límites porque aman a sus hijos.

La Dra. Meeker explica que los niños quieren conocer las reglas de la vida.[1] No solo buscan límites para su seguridad física, sino también quieren entender las reglas morales para poder desenvolverse en la sociedad. La Dra. Meeker anima a los padres a establecer claras pautas morales.² No basta solo con hablar de los límites morales. Los límites deben ser ejemplificados. Los padres no pueden enseñar eficazmente a sus hijos a no mentir si llaman al trabajo para decir que están enfermos el día después del partido del *Super Bowl* porque la fiesta se volvió un poco bulliciosa y continuó hasta altas horas de la noche. No pueden enseñar al niño a hablar con respeto si le gritan y utilizan palabras soeces con regularidad. Los niños aprenderán más por las acciones de los padres que por sus palabras.

La Fuente de los Límites

Si crecemos sin un padre que establezca límites o con uno que no los establece ni los ejemplifica adecuadamente, no estamos abandonados a nuestra suerte para resolverlo todo. Recuerde que Dios nos ama incluso más que nuestros propios padres. Él quiere que crezcamos hasta convertirnos en la persona que Él se ha propuesto que seamos. Él quiere que estemos a salvo del daño físico y emocional causado por la vida llena de engaños, codicia y promiscuidad. Por lo tanto, no solo establece reglas para vivir en la Biblia, sino también las ejemplificó en la vida de Jesucristo. Tenemos el ejemplo que necesitamos para saber cómo actuar de acuerdo con las reglas.

Tal como los adolescentes a menudo piensan que las reglas de sus padres tienen el propósito de evitar que se diviertan y vivan una vida plena, los adultos a menudo piensan que las **órdenes** de Dios tienen el mismo propósito. Pero la intención de Dios es todo lo contrario. Dios quiere que tengamos una vida en abundancia libre de culpas, vergüenzas, adicciones y cicatrices emocionales que perjudican nuestros esfuerzos por alcanzar todo lo que Dios tiene reservado para nosotros.

El Dr. Coker explica que las reglas de Dios articuladas en los Diez Mandamientos «constituyen la base de una sociedad que hace posible la convivencia respetuosa».³ El Dr. Coker llama afectivamente a los Diez Mandamientos «palabras de amor» porque son una expresión del amor de Dios, no reglas a las que adherirse para recibir la salvación.⁴

Cuando las personas piensan en las reglas de Dios, piensan principalmente en los Diez Mandamientos establecidos en Éxodo 20:2-17 y Deuteronomio 5:6-21. Con frecuencia se refieren a ellos como los «Debes» y los «No Debes» cuando los discuten de forma un poco irreverente, señalándolos como cadenas a su libertad para vivir la vida que desean. Pero la razón por la cual Dios los estableció fue todo lo contrario. El Dr. Coker explica que Dios estableció un patrón de vida para permitirnos «vivir una vida plena y abundante», y adoptar este patrón ayuda a «mantener una sociedad íntegra y saludable».⁵

El Dr. Coker explica además que los límites de Dios no solo afectan a la sociedad en conjunto, sino también a los individuos,⁶ afirmando que «cuando vivimos dentro de su estructura, la vida es agradable. Cuando no lo hacemos, hay consecuencias».⁷

Recuerdo los días en que estaba criando a tres adolescentes. Cada uno de ellos desafió los límites que establecimos en nuestro hogar de distintas maneras. Una nunca violaría el toque de queda, pero le resultaba difícil mantener su tono de voz a un nivel respetuoso. Ella conocía las consecuencias de perder el control de su tono de voz al hablar conmigo. Pero había momentos en los que deliberadamente se desahogaba con cualquier cosa que se le pasara por la cabeza. Una vez, en medio de esa situación, le pregunté por qué seguía haciéndolo cuando sabía que las consecuencias serían seguras y rápidas. Ella respondió: «Porque a veces se siente tan bien sacarlo que vale la pena las consecuencias». Bueno, ¡ahí lo tiene! Al menos lo pensó antes de infringir las normas. Pero me atrevo a decir que mucha gente no hace lo mismo.

¿Los cristianos que entablan relaciones sexuales fuera del matrimonio consideran primero las consecuencias de infringir el sexto mandamiento, «No cometerás adulterio»? A menudo oímos hablar de un esposo que le confiesa a su esposa su relación extramatrimonial solo para decir: «No fue planeado. Simplemente ocurrió». Si aceptamos esa declaración como verdadera, entonces ilustra claramente que no se pensó en las consecuencias antes de entrar en esa relación. Y las consecuencias son extremas. La relación externa no solo destruye cualquier confianza que existía en el matrimonio, sino también suele resultar en el divorcio, a menudo en la pobreza, impacta la autoestima y el futuro de los hijos, impacta a ambos cónyuges y la relación de los hijos con Dios. Al esposo, a menudo, le resulta difícil volver a Dios en arrepentimiento, pensando que ha ido demasiado lejos como para que Dios lo perdone. A la esposa y a los hijos les resulta difícil confiar en Dios porque Él permitió la destrucción de su familia. Estas son las consecuencias de las que Dios pretendía protegernos cuando estableció el límite contra el adulterio. Este es solo un ejemplo de un límite que Dios estableció para nosotros por su abundante amor por nosotros y el deseo de vernos vivir una vida plena y saludable.

Como un buen padre, Dios estableció límites saludables para protegernos a nosotros, sus hijos. Su amor se demuestra en todos y cada uno de los Diez Mandamientos. Sin embargo, cuando un abogado preguntó cuál era el mayor de los mandamientos, Jesús los redujo a dos muy sencillos: 1) Amarás al Señor tu Dios con todo tu corazón, y con toda tu alma, y con toda tu mente; y 2) Amarás a tu prójimo como a ti mismo.[8] Dios estableció los límites para que podamos vivir una vida llena de amor en todas nuestras relaciones y en la sociedad en general. Si vivimos dentro de sus límites, podemos confiar en que descubriremos todo el bien que Él ha creado para nosotros, pero si salimos de los límites, «vamos a introducir problemas en la sociedad que la destruirán, y nos destruirán a nosotros en el proceso».[9]

Contemple Cómo Dios Le Ha Criado Estableciendo Límites

En este capítulo compartí el amor de Dios al establecer límites para que vivamos de acuerdo con ellos y su objetivo de que vivamos una vida llena de amor y de las cosas buenas que Él creó para nosotros. Los Diez Mandamientos no son los únicos límites que Dios estableció para nosotros. Jesús y sus apóstoles instituyeron muchas directrices en el Nuevo Testamento que nos ayudan a vivir la vida en abundancia que Dios planeó para nosotros. En lo que llamamos el Sermón del Monte, Jesús nos enseñó con mucho amor que hay más cosas por vivir con amor que la mera obediencia de los Diez Mandamientos.[10]

- Considere algunos de los límites que sus padres le impusieron. Al crecer, ¿sintió el amor que había detrás de los límites? Si no es así, ¿cuándo descubrió que los límites se establecieron porque sus padres le amaban y querían protegerle?

  _____
  _____
  _____
  _____
  _____

- Reflexione sobre cómo veía usted los Diez Mandamientos al crecer. ¿Los consideró de naturaleza punitiva o como un límite amoroso para garantizar su seguridad y bienestar?

  _____
  _____
  _____
  _____

- ¿En qué casos se ha opuesto a los límites establecidos por sus padres o por la Biblia? ¿Cuáles fueron las consecuencias de traspasar esos límites? ¿Las consecuencias fueron administradas simplemente como castigos o disciplina por parte de sus padres, o puede ver cómo la infracción de los límites tuvo un impacto más duradero en su vida?

_____
_____
_____
_____
_____
_____

- Considere cómo los límites de Dios le han ayudado a acercarse a Él y a mantener relaciones amorosas con su propia familia y amigos.

_____
_____
_____
_____
_____
_____

Anote estas cosas para contemplarlas en oración. Permita que Dios le muestre cómo le ha criado mientras lee el siguiente capítulo sobre cómo la protección de Dios va más allá de los límites.

7

Más Allá de los Límites:

La Protección de Dios

¡Hola Papá, soy yo!

Después de escribirte la última vez sobre los límites que Dios me puso, comencé a pensar en la protección de un padre. Los límites protegen de manera proactiva a los niños de los peligros cotidianos de la vida, tal como que los conductores no sean capaces de ver a los niños en los estacionamientos o las calles. Pero los niños también necesitan protección contra otro tipo de peligros.

Estoy segura de que la mayoría de las personas consideran que el papel del padre es proteger a su familia, por lo que hice una rápida búsqueda en Internet para confirmar ese pensamiento. Quedé asombrada de la cantidad de citas que encontré sobre un padre que protege a su hija. Aquí están algunas de mis favoritas.

- «La cosa más admirable tiene que ser un padre protegiendo a su hija». Therightmessages.com.
- «Uno de los primeros deberes de un padre es proteger a su hija para impedir que llore, o bien hacer que los que la han hecho llorar paguen por sus crímenes». Therightmessages.com.
- «Puedo parecer tranquilo y reservado, pero si te metes con mi hija, desataré un nivel de locura que hará que tus pesadillas parezcan un lugar feliz». Pinterest.com.

No te comparto estas citas para hacerte sentir culpable. Las comparto para reconocer que la culpa que sientes por no haber participado activamente en mi vida puede ser causada, en parte, por sentir que no me protegiste. Cuando era joven, no recuerdo haber sentido que me hacía falta tener un padre que me protegiera. Es cierto que ese deseo de protección paternal es una parte inherente a mi deseo de ser tu pequeña, pero no me quedé desprotegida. Dios me protegió más allá de establecer límites.

Cuando tenía diecisiete años, mamá estaba casada con su último esposo. Volví de la escuela y mamá me pidió que fuera a *Sears* a comprar un sello de goma para el negocio de su esposo. Fui a *Sears* y recogí el sello. No había nada especialmente peligroso en el mandado. Llegué a casa sin problemas y le di el sello a mamá.

Días después, no sé cuántos, llegué a casa de la escuela y mamá me dijo que había recibido la visita de dos agentes de la Oficina de Investigación. Le explicaron que su esposo, de quien ya se había separado, había contratado a alguien para que la matara. Lo hizo porque tenía una relación con una mujer casada. La mujer casada también contrató los servicios para su esposo. Es probable que el seguro fuera parte de la motivación, pero a los diecisiete años entré en estado de conmoción ante la primera afirmación: «Hay un contrato en contra de mi vida».

¿Qué tiene eso que ver con un encargo para recoger un sello? Así se supone que el asesino por contrato iba a identificar quién era mamá. Se suponía que ella iba a recoger el sello. Pero, en cambio, me envió a mí. Yo era el sujeto identificado del contrato.

Afortunadamente, el esposo de mamá al parecer no era muy conocedor respecto a la realización de este tipo de contratos. Contrató a dos agentes encubiertos de la Oficina de Investigación. Estaban en *Sears* y me vieron recoger el sello. Más tarde informaron a mamá sobre el contrato. No volví a ver a su esposo.

Este es un ejemplo del tipo de protección en el que las personas tienden a pensar cuando claman que Dios es su protector. Consideran que su protección impide que ocurran cosas malas. La Biblia está llena de versículos que hablan de Dios como protector de sus hijos, como 2 Tesalonicenses 3:3, que dice: «Pero fiel es el Señor, que os afirmará y guardará del mal».[1] Pero evitar las malas experiencias no es siempre la forma en que Dios protege.

A los niños les ocurren muchas cosas desagradables. Y he experimentado cosas que son difíciles de ver a través de los ojos de la fe en un Dios amoroso. Pero, como escribe Ben Cerullo: «Cuando uno ve las cosas con los ojos de la fe, Dios siempre es más grande que sus problemas. El miedo, la ansiedad y la desesperanza se derriten a la luz de su gloria».[2]

He descubierto a lo largo de la vida que la protección de Dios no siempre consiste en evitar que ocurran cosas malas. En Mateo 5:45, en lo que comúnmente llamamos el Sermón del Monte, Jesús enseñó a las multitudes que lo bueno y lo malo le sucede a todo el mundo, tanto a los justos como a los injustos.[3] A veces, Dios elige sacarnos del peligro, como lo hizo conmigo cuando mamá me envió a *Sears* a recoger el sello. En otras ocasiones, Él utiliza otros métodos para protegernos. A veces Dios permite que las cosas malas sucedan, pero ayuda a sus hijos para que no haya efectos duraderos. O, a veces, Él lo resuelve para el bien de la persona que fue herida. Dios ve desde la eternidad hasta la eternidad. Nosotros sólo vemos lo finito que está frente a nosotros. Él lo hace todo desde su punto de vista eterno aunque no lo entendamos.

Cuando pienso en la protección de un padre, me doy cuenta de que no podrías haber hecho mucho para protegerme. Podrías haber puesto límites. Es posible que hayas podido mantenerme fuera de la calle cuando era niña. Pero no podrías haber estado presente en todas las situaciones de mi vida para protegerme. Probablemente, no habrías podido protegerme de las cosas más difíciles que experimenté. Además, no habrías podido ayudarme a superarlo manteniendo mi fe intacta, y no habrías podido convertir todas las malas experiencias en la hermosa vida que mi Padre celestial ha orquestado para mí. Entonces, no hay razón para sentirse culpable por no haber estado conmigo en mi infancia para protegerme.

Antes de terminar, quiero compartir mi cita favorita de padre e hija: «Un padre sostiene la mano de su hija por poco tiempo, pero sostiene su corazón para siempre». Explorepic.com. No, no estuviste allí durante mi infancia y no tengo ningún recuerdo de haber caminado de la mano contigo. Pero conservo el único recuerdo que tengo de ti cuando tenía unos dos años. Me tenías en brazos y estabas en una habitación vacía con pisos de madera. Mamá estaba de pie al otro lado de la habitación sosteniendo a Randy en sus brazos. En mi recuerdo puedo percibir que no fue un momento familiar lleno de amor. Sin embargo, todavía guardo ese recuerdo porque me tenías cerca, me estabas protegiendo de cualquier cosa que pudiera pasar y me amabas. Hace muchos años que compartí este recuerdo contigo. Me explicaste que probablemente fue el día en que mamá se fue de Nueva York y volvió a Kansas con Randy, dejándome a mí contigo. A pesar del triste escenario en mi memoria, aprecio el amor que sentí por ti. Todavía sueño con caminar de la mano contigo, incluso cuando sigo anhelando ser «tu pequeña».

De mí, ¡la que siempre quiso ser «tu pequeña»!

Julie McGhghy

La Idea Errónea de la Protección de Dios

¿En qué piensa cuando considera la protección de Dios? Debo admitir que he luchado por tener fe en la promesa de protección de Dios. ¿Por qué? Porque he experimentado cosas en mi vida que en la superficie no parecen ser protección. He aceptado todas esas experiencias y ahora puedo ver el amor y la protección de Dios en ellas. Aun así, la protección de Dios es algo difícil de explicar cuando alguien experimenta lo inimaginable y se pregunta dónde estaba Dios en ese momento.

A medida que he profundizado en las Escrituras para tener una mejor idea de lo que es la protección de Dios, me he dado cuenta de que he tenido un concepto erróneo al respecto. Basándome en muchas conversaciones que he tenido con personas a lo largo de los años, estoy segura de que no soy la única que tiene esta idea errónea.

Cuando le conté a papá sobre mi experiencia de haber ido a Sears a recoger un sello, para luego descubrir que me habían identificado como el sujeto de un contrato de asesinato, probablemente le sorprendí con tal historia. Pero después de superar el impacto, probablemente alabó a Dios por su protección. Evitar que ocurra algo horrible es exactamente lo que buscamos cuando pensamos y oramos por la protección de Dios.

¿Cuántas historias puede recordar de personas que debían estar en el *World Trade Center* el 11 de septiembre cuando se produjo el ataque terrorista, pero que se habían retrasado por alguna razón y ese retraso les salvó la vida? Algunos se retrasaron porque se quedaron dormidos. Algunos tuvieron problemas con el auto. Algunos perdieron su tren a la ciudad. Algunos se quedaron en casa porque despertaron sintiéndose mal. Algunos tuvieron problemas con la niñera ese día y se quedaron en casa. Algunos decidieron hacer algún trámite, o tenían una reunión antes de ir a la oficina. Las historias son interminables. Cuando oímos hablar de ellas en aquel entonces, y de vez en cuando todavía oímos hablar de ellas ahora, muchas de las personas implicadas expresan su gratitud a Dios por su protección. También damos gracias a Dios por su protección en estas situaciones, porque cuando pensamos en la protección de Dios, sólo pensamos en que Él impedirá que ocurra algo terrible.

¿Pero qué pasa cuando Dios no impide que ocurra algo terrible? ¿Qué hay de las personas que fueron gravemente heridas en un accidente y nunca se van a recuperar al ciento por ciento? ¿O los niños que sufrieron de horribles abusos infantiles? ¿O las víctimas de violaciones? ¿Dónde estaba la protección de Dios para ellos? Como explica el Dr. Coker, «El Evangelio, si es que funciona, debe hacerlo en los lugares difíciles y no únicamente en los fáciles».[4] Hablar de la protección de Dios, no solo como una promesa bíblica, sino a través de la aplicación de esta, a menudo nos lleva a los lugares difíciles.

Si nos aferramos a la idea errónea de que Dios sólo nos protege impidiendo que sucedan cosas terribles, a menudo nos encontramos en lugares difíciles. Pero eso no es lo que Dios prometió.

La protección de Dios proviene de la promesa de que ninguna persona o acontecimiento puede separarnos de Dios. Al hablar a los judíos sobre sus seguidores, a los que llamó sus **ovejas**, Jesús explicó: «Y yo les doy [sus ovejas] vida eterna; y no perecerán jamás, ni *nadie* las arrebatará de mi mano. Mi Padre que me las dio, es mayor que todos, y *nadie* las puede arrebatar de la mano de mi Padre. Yo y el Padre uno somos».[5] La protección que Jesús prometió es que ningún hombre puede apartarnos de nuestra relación con Dios.

El apóstol Pablo amplió esa promesa al proclamar:

¿Quién nos separará del amor de Cristo? ¿Tribulación, o angustia, o persecución, o hambre, o desnudez, o peligro, o espada? Como está escrito: Por causa de ti somos muertos todo el tiempo; somos contados como ovejas de matadero. Antes, en todas estas cosas somos más que vencedores por medio de aquel que nos amó. Por lo cual estoy seguro de que ni la muerte, ni la vida, ni ángeles, ni principados, ni potestades, ni lo presente, ni lo por venir, ni lo alto, ni lo profundo, ni ninguna otra cosa creada nos podrá separar del amor de Dios, que es en Cristo Jesús Señor nuestro.[6]

Pablo añadió experiencias a la promesa de Jesús que ningún hombre nos apartará de nuestra relación con Dios. Pablo enumeró experiencias muy difíciles y explicó que estas no pueden separarnos de Dios. Asimismo, nada de lo que experimentemos, por difícil, indescriptible u horrible que sea, puede separarnos de Dios. Esta es la protección de Dios; que ningún hombre o experiencia puede apartarnos de Él.

Considere lo que Cristo mismo y la iglesia primitiva experimentaron. Cristo y muchos de sus discípulos, personas que se mantuvieron firmes y lo oyeron proclamar la promesa que nadie puede apartarlos de la mano de Dios, fueron crucificados. Fueron perseguidos, encarcelados, separados de sus familias para servir como esclavos o para ser asesinados. ¿Dónde estaba entonces la protección de Dios? Estaba justo donde Él proclamaba que estaba. Aquellos cristianos que sufrieron tales atrocidades encontraron que Dios era fiel; recibieron la vida eterna que les había sido prometida.

Pero, ¿es la vida eterna lo único con lo que podemos contar? ¿Es lo único con lo que contaban los discípulos de Jesús? No. Hay mucho más que se incorpora a la protección de Dios que la mera prevención de las cosas terribles en nuestras vidas.

La Plenitud de la Protección de Dios

La protección de Dios va mucho más allá de la prevención de terribles experiencias en nuestra vida. Su mera presencia en nuestra vida es parte de su protección. Moisés animó al pueblo de Israel antes de morir, exhortándoles a no tener miedo porque Dios estaría con ellos y no les fallaría ni abandonaría.[7] Pero la presencia de Dios no significaba que nadie saldría herido o moriría. El pueblo todavía tenía que luchar contra los habitantes de la Tierra Prometida. Todavía experimentaron cosas terribles. Pero la presencia de Dios estaba con ellos.

Era la presencia de Dios la que le aseguraba a Israel que podría resistir todo lo que tuvieran que afrontar. Dios prometió a Israel que los fortalecería y ayudaría; los sostendría con la diestra de su justicia (el símbolo de su poder).[8] El salmista alabó a Dios por su presencia en tiempos de angustia, reconociendo que a través de su presencia Dios es nuestro refugio y fortaleza.[9]

Me encanta otra promesa que Dios hizo a Israel a través de Isaías, especialmente en consideración de las experiencias de mi vida, tanto basadas en mis propias malas decisiones como en experiencias indescriptibles sobre las que no tenía control. Dios prometió a Israel que no sería avergonzado y que olvidaría la vergüenza de su juventud.[10] ¡Dios es tan fiel en esto! Como cristianos, podemos confiar en que Él borrará la culpa y la vergüenza de nuestro pasado.

Es fácil pensar en las malas decisiones que hemos tomado y entender por qué sentiríamos culpa y vergüenza. Ciertamente, me sentí culpable y avergonzada por las circunstancias de mi primer embarazo, que, como he explicado anteriormente, fue producto de una relación después de haber dejado a mi primer esposo. Había sido cristiana desde mi infancia y durante mi juventud. Sabía que la segunda relación no era agradable a Dios. Y aun así, me involucré con otro hombre y quedé embarazada. ¡Oh, la culpa y la vergüenza!

Es más difícil entender por qué alguien, ya sea un niño o un adulto, siente culpa y vergüenza de las experiencias ajenas a su voluntad. Aunque hay múltiples tipos de abuso, a menudo pensamos en el abuso sexual cuando consideramos a los niños y adultos que sienten culpa y vergüenza por algo que está fuera de su control.

Barbara Hughes explica, en un artículo titulado *Where Was God? Spiritual Questions of Sexually Abused Children* [¿Dónde estaba Dios? Preguntas Espirituales de Niños Abusados Sexualmente], publicado por el Center for

Children and Theology [Centro para Niños y Teología], por qué los niños que han sido abusados sexualmente sienten un profundo sentido de vergüenza moral.

La mayoría de los abusos sexuales son perpetrados por alguien con mayor poder físico o emocional que el niño. Por este motivo, es natural que los niños tengan miedo de que el agresor les haga aún más daño si se resisten, o que se produzca un rechazo o un abandono. A menudo se enseña a las niñas y a los niños a no hacer un escándalo y a someterse a la autoridad. Aunque las agresiones pueden ser delicadas y provenir de un familiar de confianza, como la mayoría de estos niños son forzados a la excitación sexual, creen que ellos mismos permitieron o quisieron el abuso y que, por lo tanto, fue su culpa. Suelen salir de estas experiencias con un profundo sentimiento de vergüenza moral.[11]

Hay que reconocer que los preadolescentes tienen poca o ninguna comprensión de la sexualidad. Sin embargo, los niños pueden experimentar un despertar sexual. La Sra. Hughes explica que «todo lo que saben es que alguien está haciendo algo o en sus cuerpos –algo que saben o sienten que está mal– y que al mismo tiempo parte de su cuerpo también está sintiendo deseo».[12] Continúa describiendo la vergüenza resultante.

La vergüenza asociada a los abusos sexuales en la infancia no solo proviene de la confusión de la excitación con el consentimiento. Con sus acciones invasivas, hirientes o físicamente violentas, los agresores avergüenzan la propia sexualidad de sus víctimas. El sentido de sí mismo del niño queda dañado o destruido en parte porque el agresor ha vencido la voluntad del niño sobre su núcleo corporal más privado.... Es la propia fuerza vital y el sentido de sí mismo lo que ha sido avergonzado y devastado.[13]

El daño y la destrucción del sentido de sí mismo se presenta también en otros tipos de abuso, lo que hace que tanto los niños como los adultos que han sido abusados sientan culpa y vergüenza. Sin embargo, el amor de Dios nos permite olvidar la vergüenza. Y Él no nos avergonzará.

Cuando mi vergüenza fue causada por mis propias decisiones, volví a Él, me arrepentí y Dios me perdonó. Su amor incondicional borró ese pecado de su vista y me acogió de nuevo como su hija. A medida que maduraba como hija de Dios, toda la vergüenza y la culpa de mis malas decisiones y de los males que se me imponían fueron sustituidas por el amor y la aceptación. Esto de quitar nuestra vergüenza es parte de la gran protección de Dios.

Otra forma en que Dios nos protege es obrando todas las cosas para nuestro bien.[14] El apóstol Pablo explicó a la iglesia de Colosas que las aflicciones que sufría las hacía por el bien del cuerpo de Cristo, el cual es la iglesia.[15] ¿De qué sirvió el sufrimiento de Pablo para la Iglesia? Su sufrimiento permitió que Pablo animara a los cristianos que también sufrían a creer en Jesucristo. Su sufrimiento le ayudó a conocer mejor a Dios y su poder para poder explicar esas cosas a los cristianos.[16] Y a medida que Dios ayudó a Pablo a soportar ese sufrimiento, Pablo se vio fortalecido para vivir para Dios y, finalmente, alcanzar la vida eterna.[17]

He visto a Dios trabajar de esta manera en mi propia vida. Cuando daba clases de escuela dominical para jóvenes, a menudo desarrollaba relaciones estrechas con los adolescentes. Algunos de ellos tuvieron que soportar la disfunción de sus familias, las cuales a menudo resultaban en padres separados o divorciados. Como experimenté las mismas disfunciones en mi familia mientras crecía, pude empatizar con los niños y animarlos en esos momentos. Podía asegurarles que no eran la causa de la disfunción ni de la separación. Pude mostrarles cómo encontrar a Dios en medio de tanto dolor, y que Dios los ama con un amor eterno.

He llegado a creer que las personas que han sido heridas de una manera devastadora por otros tienden a atraer a aquellos que han sufrido de manera similar. De alguna manera, las discusiones giran en torno a esas experiencias. Cuando hemos procesado a fondo el impacto emocional y las preguntas espirituales que se derivan de esas experiencias, y Dios ha eliminado nuestra vergüenza, cada uno de nosotros está preparado para ayudar a los demás. Dios usa a cada uno de los que hemos sobrevivido lo indescriptible para animar y ayudar a otros que están en camino a la supervivencia. Desarrollar estas relaciones y poder ayudar a los demás es realmente satisfactorio. Todo esto forma parte de la obra de Dios, que hace que todas las cosas ayuden para bien, incluso las que no se pueden expresar.

Arriesgándome a decir lo obvio, el mero hecho de que pueda compartir con ustedes mis experiencias y lo que he aprendido sobre Dios como mi Padre es un ejemplo de cómo Él ha obrado todo lo que he experimentado para mi propio bien y para el bien de otros creyentes. ¿Hubiera elegido muchas de las experiencias que sufrí al crecer? No. Pero estoy muy agradecida por la manera en que Dios me protegió con su presencia, eliminó la vergüenza de mis malas decisiones y las experiencias sobre las que no tenía control, orquestó esta vida tan satisfactoria y me permitió ministrar y animar a otros.

El Tiempo de la Protección de Dios

Podemos aprender mucho de los salmistas y de otros autores de las Escrituras sobre el tiempo de la protección de Dios. En lo que se refiere a los tiempos de angustia que soportamos, Dios nos protege antes, durante y después de estos, y nos guía en lo que se refiere a los problemas venideros.

Antes de que se presenten tiempos difíciles, considere orar como lo hizo David para que Dios lo guarde de las manos de los impíos y lo preserve de los injuriosos.[18]

En tiempos difíciles, el apóstol Pablo reconocía los problemas y se centraba en los resultados de la protección de Dios: atribulado, pero no angustiado; perplejo, pero no desesperado; perseguido, pero no abandonado; abatido, pero no destruido.[19] Un salmista reconoció a Dios como su refugio, su fuerza y una ayuda presente en medio de las tribulaciones.[20] Además, proclamó que, gracias a la presencia de Dios, no temería a pesar de los retos que tendría que enfrentar.[21]

El rey David expresó su fe en la protección de Dios durante los tiempos de dificultad. Proclamó que Dios lo vivificaría y lo salvaría en medio de su angustia.[22] También oró por la liberación y la defensa de Dios durante los ataques de sus enemigos.[23]

Dios también nos protege después de estas experiencias. Después de que uno de los hijos del rey David violara a una de sus hijas y otro hijo matara al violador, David reconoció que Dios se levantaría para ayudar a su familia.[24] Dios lo protegió después de estas experiencias. A pesar de las consecuencias de la violación y la negligencia de David para disciplinar al violador, la presencia de Dios nunca abandonó a David. Dios continuó obrando para bien. Estas horribles experiencias no dañaron la relación de David con Dios. Dios lo protegió.

Cuando luchamos contra la opresión y las aflicciones después de algún acontecimiento horrible en nuestra vida, Dios vendrá a nosotros para liberarnos. Esta liberación puede incluir sacarnos de situaciones que siguen causando la opresión y aflicción, proporcionando su paz que sobrepasa todo entendimiento, o eliminando la vergüenza que hemos llevado innecesariamente. Dios nos ayudará a superar la situación de la mejor manera para cada uno de nosotros.

Después de saber que había sido identificada como objetivo de un asesinato por encargo, Dios me protegió apartando al esposo de mi madre de nuestras vidas. Pero no siempre fue así como Dios me libró después de horribles acontecimientos. En ocasiones, durante mi juventud, tuve que permanecer en ciertas situaciones inapropiadas. Al mismo tiempo, Dios usó a mi abuela para ayudarme a participar activamente en el grupo de jóvenes de la iglesia con el fin de construir amistades que ayudaron a establecer mi fe. Me dio una paz que superó mi comprensión y me ayudó a madurar y convertirme en una adulta productiva.

Cuando me casé y formé una familia con un maravilloso hombre cristiano, Dios me enseñó cómo criar a mis hijos a través del ejemplo de mis suegros y de mi educación académica. Dios me guió al *Mid-America Nazarene College* para prepararme para enseñar matemáticas en escuelas secundarias y bachillerato. Con la excepción de una asignación de seis semanas como maestra sustituta, nunca enseñé en escuelas. Sin embargo, mediante mis estudios de preparación para la enseñanza, aprendí a dirigir un aula. Pude aplicar esos conocimientos a la gestión de mi propia casa. Esta es una de las formas en que Dios nos protegió, a mí y a mis hijos, de las consecuencias de la disfunción y las experiencias inapropiadas que tuve al crecer. Si Él no me hubiera guiado de esa manera, estoy segura de que habría transmitido ese dolor y ese ciclo de disfunciones a mis hijos. ¡Pero Dios nos ayudó!

Tal como proclamó David cuando el rey Saúl lo perseguía: «Muchas son las aflicciones del justo, pero de todas ellas le librará Jehová».[25]

Más de la Plenitud de la Protección de Dios

La protección de Dios es algo más que prevenir terribles experiencias en nuestra vida, su presencia, su promesa de que olvidaremos nuestras vergüenzas y cómo Él obra todas las cosas para nuestro bien. Para mí, esta última parte de la protección de Dios es una señal de la completa sanidad de las horribles experiencias que muchos de nosotros soportamos. A pesar de todo lo que experimentamos, independientemente de si se debe a nuestras propias decisiones o a cosas fuera de nuestro control, llegará un momento en el que podremos volver a alegrarnos porque confiamos en Él y amamos su nombre.[26]

Puedo recordar cuándo comenzó mi proceso de sanidad, en contraposición a mis mecanismos de defensa. Tenía unos treinta años. Trisha era parte activa del grupo de jóvenes de nuestra iglesia y el grupo de jóvenes estaba organizando una reunión para las chicas de nuestro hogar. También había otras mujeres supervisando el evento. Como suele ocurrir cuando se reúnen entre diez y veinte adolescentes, surgió algo de drama. No recuerdo lo que sucedió, pero recuerdo que algunas de las chicas tenían sus sentimientos muy heridos. Cuando nos sentamos en círculo y discutimos sobre los sucesos y los sentimientos heridos, Dios comenzó a mostrarme que había construido un muro alrededor de mis emociones. No sentía dolor. No sentía alegría. Simplemente existía. Por medio de esas adolescentes que sentían todo tipo de emociones, descubrí cómo me había protegido durante muchos años. En mi mente tenía la imagen de un muro de ladrillos que había levantado a mi alrededor. Al parecer, Dios me hizo ver que se acercaba el momento en que Él derribaría ese muro ladrillo a ladrillo, si yo lo permitía.

Se necesitaron varios años para derribar todo el muro. De hecho, debo admitir que todavía tengo uno o dos ladrillos en pie para protegerme de ciertas personas en mi vida. Pero con cada ladrillo que se derribaba, sentía más alegría en mi vida. Me convertí en una persona que se ríe con frecuencia, que comparte historias divertidas con sus amigos y familiares y que se alegra de la vida que Dios le ha dado. Solo fue hasta que pude regocijarme en Él que Dios comenzó a abrirme puertas para ministrar a otras personas. Y en algún momento, empecé a despertarme por la mañana y a declarar como el salmista: «Este es el día que hizo Jehová; nos gozaremos y alegraremos en él».[27]

A medida que Dios me mostraba cada ladrillo que había levantado para protegerme, pude arrepentirme de cada mecanismo de defensa, que era una fortaleza que impedía mi relación con Dios. Cuando aprendí a orar sin cesar y a dar gracias en todo, pude también regocijarme más que nunca, tal como Pablo había animado a los tesalonicenses.[28] Dios no me devolvió la alegría, porque no sé si alguna vez llegué a tener verdadera alegría. Pero ¡Dios me dio alegría! Y Él hará lo mismo por usted cuando deje ir los mecanismos de defensa que empleó para protegerse de más daño.

Contemple Cómo le ha Protegido Dios

Como he explicado con anterioridad, hablar de la protección de Dios siempre me ha resultado difícil. ¿Por qué? Porque experimenté cosas que nadie esperaría que sucedieran si Dios me hubiera protegido. Pero me emociona estudiar la Palabra y aprender lo amplia que es la protección de Dios. Le animo a reflexionar sobre su vida.

- ¿Qué experiencias ha tenido que han hecho que luche por entender cómo Dios ha podido dejar que le sucedieran? ¿Cómo afrontó la situación y sobrevivió al dolor?

_____
_____
_____
_____
_____
_____

- Analice algunas de sus experiencias más difíciles e identifique ejemplos en los que Dios le protegió en cada una de las formas que se indican a continuación:
1. Evitando que personas o experiencias destruyan su relación con Él.

_____
_____
_____
_____
_____
_____

2. Fortaleciendo y ayudando a sobrellevar las experiencias difíciles a través de su presencia.

3. Ayudándole a olvidar su vergüenza.

4. Trabajando todas las cosas en conjunto para su bien.

5. Permitiendo que se regocije.

- Si todavía siente vergüenza y culpa, o no es capaz de regocijarse todo el tiempo, entonces caiga a los pies de su Padre y pídale que le ayude a seguir sanando. Concéntrese en tomarle la palabra a Dios. Haga tarjetas con las Escrituras que prometen su protección y las que hablan de confiar en Él. Ore esas escrituras y pídale a Dios que le ayude a confiar más en Él. Clame tal como lo hizo el padre del niño poseído por el demonio en Marcos 9:24: «Creo; ayuda mi incredulidad».

Anote estas cosas para contemplarlas en oración. Permita que Dios le muestre cómo lo ha criado mientras lee el siguiente capítulo sobre tener un lugar seguro.

8

Un Lugar de Seguridad:

Dios es un Refugio

¡Hola Papá, soy yo!

Hoy quiero compartir contigo una de mis canciones de adoración favoritas. Como canción de adoración debería hacerme pensar en Dios al cantarla. Y lo hace, pero también me hace pensar en ti.

Gateway Worship con Melissa Loose grabó una canción titulada *The More I Seek You* [Mientras Más Te Busco].[1] Se canta como una oración a Dios, personificando la adoración a sus pies y apoyándose en su pecho para sentir los latidos de su corazón. Presenta una imagen muy íntima de una relación profundamente amorosa entre Dios y sus hijos. Algunas personas han criticado la canción porque tiende a darle un toque romántico a la relación, cosa que yo no veo. En cambio, la veo como una relación paternal.

Entonces, ¿por qué esta canción me hace pensar en ti? Porque al cantarla, me imagino siendo una niña pequeña sentada en tu regazo, con la cabeza apoyada en tu pecho y oyendo los latidos de tu corazón. En esa visión, me siento segura. Me siento amada. Siento que estoy siendo criada.

No estoy al tanto de algún momento en mi vida en el que haya podido sentarme en tu regazo. Sin embargo, sigo soñando con ser tu pequeña, acurrucada con seguridad y cariño en tu cobijo, oyendo los latidos de tu corazón, lo que significaría que te conozco tan bien que entiendo lo que te hace funcionar. No recuerdo haberme sentido nunca tan segura y querida. Incluso en el primer recuerdo que tengo de ti, cuando me abrazabas y estabas en una habitación vacía con pisos de madera, me sentía amada, pero no segura. Por eso, al cantar esta canción de adoración, agradezco que Dios haya suplido mi necesidad de amor y seguridad. Y como he caminado con Él durante muchos años, me he familiarizado más con Él cada día, comprendiendo más y más lo que le hace funcionar. Dios es mi refugio, un lugar seguro.

En mi última carta expliqué la protección de Dios, que es diferente a que Dios sea mi refugio. La protección es el proceso de mantenerme a salvo, mientras que un refugio es un lugar seguro. Dios me protegió del daño cuando me identificaron como el objetivo de un contrato de asesinato. Lo hizo a través de un proceso para asegurarse de que el esposo de mamá no contratara a un verdadero asesino. Por otro lado, un refugio es un lugar seguro. Pude correr hacia Dios como mi lugar seguro cuando me enteré del encargo de asesinato y de mi identificación como objetivo. Dios me calmó. Dios me amó. A los pies de Dios y sobre sus rodillas con mi cabeza contra su pecho, podía sentirme segura y amada.

A lo largo de los años Dios también me mostró que Él es mi refugio y mi lugar seguro, incluso cuando no sé que necesito correr hacia Él o no puedo correr hacia Él debido a acontecimientos traumáticos. Mientras esté viviendo una vida cerca de Él, comunicándome, adorándolo, buscándolo, reconociéndolo en mi vida, cuando ni siquiera sé que estoy en peligro o no puedo correr a Él porque estoy muy traumatizada, Dios me coloca en un lugar seguro y pone su mano sobre mí para que el daño no me alcance. Me doy cuenta de que Él no me sitúa físicamente en algún lugar. Y el tipo de daño que estoy describiendo no es un daño físico, sino mental, emocional y espiritual. Él es mi lugar seguro.

¡No tienes que sentirte culpable, papá! Dios es y siempre ha sido mi lugar seguro. Correr hacia tu regazo nunca habría sido tan seguro como correr hacia el de Dios. Dios superó lo que tú hubieras podido hacer por mí, incluso si hubieras sido una parte activa de mi vida.

De mí, ¡la que siempre quiso ser «tu pequeña»!

Julie McGhghy

Refugio Versus Protección

Al igual que le expliqué a papá en la carta anterior, la **protección** es un proceso. En el capítulo anterior expliqué la plenitud de la protección de Dios, en la que se incluían los procesos para evitar que ocurran cosas malas, estando presente con nosotros en todo momento, impidiendo o eliminando nuestra vergüenza, obrando todas las cosas para nuestro bien y permitiendo que nos regocijemos. Dios hace todas estas cosas por sus hijos. No somos capaces de hacer nada para merecer su protección. Y no necesitamos hacer nada para recibir su protección. Si somos sus hijos, Él nos protege. Estoy agradecida por la protección de Dios en mi vida.

También estoy agradecida porque Dios es mi refugio. Un refugio es un lugar seguro, de protección o de cobijo. Con frecuencia, en las Escrituras vemos que las personas están haciendo algo para refugiarse y estar a salvo. David solía escribir Salmos sobre cómo refugiarse. Varias versiones de la Biblia traducen el original griego y hebreo con la palabra **confianza** o **refugio**. La versión Reina Valera 1960 suele traducir los términos como **confianza**, mientras que la Biblia Amplificada los traduce como **refugio**. Esto se puede ver en Salmos 11:1. En la versión Reina Valera se lee: «En Jehová he confiado». Sin embargo, en la Biblia Amplificada se lee: «En el Señor me refugio [y pongo mi confianza]». (Entre corchetes el original). Si ponemos nuestra confianza en Dios o nos refugiamos en Dios, estamos dando un paso hacia Dios y encontramos seguridad, llevando a cabo una acción afirmativa y voluntaria para beneficiarnos del hecho de que Dios sea nuestro refugio.

Cuando el rey David regresó a Jerusalén después de la muerte de Absalón, escribió un Salmo animando a todos los que habían puesto su confianza (RVR) o se habían refugiado (AMP) en Dios para regocijarse.[2] Cuando el rey Saúl perseguía a David, este escribió el Salmo 7 y proclamó que él mismo pone su confianza (RVR) o se refugia (AMP) en Dios.[3] No obstante, David también reconoció que Dios es un lugar de refugio constante. No se requiere de ninguna acción para que Dios sea un refugio.

David expresó al pueblo su firme confianza en Dios declarando: «Dios es un refugio para nosotros».[4] ¡Dios es! Punto. No es necesario actuar. ¡Dios es nuestro refugio! ¿Cómo pudo David tener tanta confianza? Porque Dios había sido el refugio de David anteriormente.[5] A medida en que confiamos y nos refugiamos en Dios, nuestra confianza también crece con el tiempo, y aprendemos que Dios es nuestro refugio; no hace falta actuar.

Refugiándose en Dios

Hace muchos años, mi esposo y yo nos mudamos a una nueva casa. El patio delantero tenía una zanja de drenaje cerca de la calle. Era difícil mantener la grama de la zanja recortada y se miraba poco estético. La zanja seguía más allá de nuestra casa hasta el patio de nuestro vecino. Así que Mike y nuestro vecino decidieron colocar un tubo de desagüe en la zanja, cubrirlo con tierra y plantar césped. Quedó muy bien cuando terminaron, pero la tarea no se llevó a cabo con la fluidez que a Mike le hubiera gustado. A decir verdad, en ese momento muchas cosas en la vida de Mike eran bastante desafiantes, y su vida no marchaba tan bien de como estaba acostumbrado.

Llegó el día de la entrega de un camión de tierra y Mike la debía esparcir sobre la tubería. Entonces éramos bastante jóvenes y austeros. Él no veía razón alguna para alquilar equipo, como una excavadora, para esparcir la tierra. Por el contrario, estaba seguro de que podría mover la tierra con un vagón en una podadora de césped y esparcir la tierra con una pala.

Mike había estado trabajando duro desde el amanecer hasta aproximadamente las 3:00 de la tarde. Estaba cansado. El trabajo iba más lento de lo que esperaba y se avecinaba una tormenta inesperada. Si la tierra en la acera se mojaba, le sería imposible esparcirla en la zanja. Por lo tanto, estaba trabajando furiosamente para realizar el trabajo. Con furiosamente, quiero decir enérgicamente, frenéticamente y desesperadamente.

Resulta que Mike no pudo trabajar con la suficiente intensidad. La tormenta llegó. Y parecía que solo afectaba a nuestro patio. Entonces, ya no trabajaba furiosamente, como enérgicamente, sino furiosamente, como con enfado. Nunca antes o después lo he visto sentirse tan atacado por Dios. Literalmente, se quedó parado en la lluvia mirando al cielo casi visible y audiblemente hablando enojado con Dios. Estaba convencido de que Dios le estaba poniendo todos los obstáculos posibles. Estaba tan enfadado que no quería, o posiblemente no podía, protegerse de la lluvia. En cambio, siguió trabajando fervientemente bajo la lluvia hasta que la tormenta se disipó y completó el trabajo.

Así como Dios **es** nuestro refugio como lo expresó David, nuestra casa fue el refugio ante la tormenta. Pero ¿le sirvió nuestra casa de refugio a Mike cuando trabajaba furiosamente en el exterior en medio de un aguacero? No, porque no buscó el refugio. No corrió hacia ella a pesar de saber que tenía un resguardo a su disposición. No actuó de forma afirmativa y voluntaria para aprovecharlo. Al igual que nuestro hogar, Dios es un refugio. Sin embargo, si no corremos hacia Él, refugiándonos en Él, no nos beneficiamos de Él.

Es maravilloso saber que Dios es nuestro refugio y que podemos confiar en Él, correr hacia Él, siempre que necesitemos ampararnos. Pero en realidad es mucho mejor que eso.

Dios Como un Refugio Constante

Así como David proclamó en varios Salmos, Dios es nuestro refugio. Él es constante. No es necesaria ninguna acción para que Él sea nuestro refugio. Considere el diálogo entre Dios y Moisés en Éxodo 33.

> Y le respondió: Yo haré pasar todo mi bien delante de tu rostro, y proclamaré el nombre de Jehová delante de ti; y tendré misericordia del que

tendré misericordia, y seré clemente para con el que seré clemente. Dijo más: No podrás ver mi rostro; porque no me verá hombre, y vivirá.

Y dijo aún Jehová: He aquí un lugar junto a mí, y tú estarás sobre la peña; y cuando pase mi gloria, yo te pondré en una hendidura de la peña, y te cubriré con mi mano hasta que haya pasado.[6]

En este pasaje de la Escritura, Dios le pidió a Moisés que guiara a su pueblo. Moisés pidió a Dios que le enseñara sus caminos para poder conocer a Dios y encontrar el favor de Él. Le pidió a Dios que le mostrara su gloria. Dios accedió a hacerlo. Pero primero, Dios tuvo que proteger a Moisés de la gloria de Dios. ¡Imagínese! ¡La gloria de Dios es tan grande que debe protegernos de ella!

Entonces, ¿le exigió Dios a Moisés que corriera a la hendidura de la peña para protegerse? No. Dios simplemente le extendió una invitación a Moisés para que se acercara a Él. «He aquí un lugar junto a mí, y tú estarás sobre la peña».[7] Si Moisés elegía estar cerca de Dios, entonces Dios lo pondría en la hendidura de la peña y sería un refugio para Moisés colocando su mano sobre él mientras Dios pasaba a su lado.

¿Cómo se compara la experiencia de Moisés con la de Mike? Mike no experimentó a Dios como su refugio mientras estaba de pie bajo la lluvia. ¿Por qué? Porque no estaba cerca de Dios. Más bien, Mike estaba enojado con Dios. Culpaba a Dios por enviar todas las pruebas que estaban haciendo su vida bastante difícil en ese momento, incluso hasta el detalle insignificante de enviar una tormenta que apareció solo sobre nuestro patio justo en el momento en que él estaba tratando desesperadamente de completar un proyecto. No estaba cercano a Dios.

La experiencia de Mike es un ejemplo en el que se requirió actuar de forma afirmativa y voluntaria para beneficiarse de Dios como su refugio. Si no vivimos cerca de Dios, estando cerca de Él, respondiendo voluntariamente a las invitaciones de Dios para acercarnos a Él, entonces no experimentaremos el refugio de Dios sin actuar primero de forma afirmativa y voluntaria. En la situación de Mike, habría tenido que cambiar su actitud, acercarse a Dios y refugiarse en Él.

Dios Es y Fue Mi Constante Refugio

Dios me mostró lo que significa que Él sea mi refugio... un refugio constante, que no requiere ninguna acción. No había estado buscando a Dios como mi refugio. Ni siquiera sabía que necesitaría que Él fuera un refugio para mí. Pero me encontré en una situación para la que no estaba preparada, que nunca había pensado que fuera a suceder y que me sorprendió por cómo resultó. Me sorprendió tanto que le pedí a Dios que me mostrara lo que acababa de suceder.

En capítulos anteriores mencioné que he experimentado situaciones en mi vida, en mi infancia, que son difíciles de ver a través de los ojos de la fe en un Dios amoroso. Asimismo, estas experiencias son difíciles de ver por medio de la promesa de la protección de Dios. Durante muchos años, estas experiencias me hicieron luchar para comprender lo que es la protección de Dios. Es más, no lo entendí hasta que investigué al respecto para escribir este libro.

El divorcio era frecuente en mi familia, no solo en mi familia más cercana mientras crecía, sino también en mi familia lejana. Mi madre, mis tías y tíos se casaron varias veces. Con cada matrimonio se añadían nuevas personas a la familia, personas que no eran parientes de sangre. Estas personas pueden ser padrastros, hermanastros, abuelos, tíos adoptivos. Por lo tanto, he estado expuesta a demasiados «miembros de la familia» como para poder contarlos. Y me encontré a solas con algunos de estos «miembros de la familia». Varios de ellos, en distintos momentos, me trataron de manera inapropiada. Dios me protegió de la mayor parte del impacto negativo de dichas acciones. Aunque nunca le conté a nadie sobre ninguna de esas situaciones, vi que los individuos se alejaron de mi vida con el tiempo. Sin embargo, nunca olvidé esas experiencias. Afortunadamente, no tuve que enfrentarme a los individuos ni preocuparme por el continuo atropello de alguno de ellos.

Pero eso cambió no hace muchos años. De una manera totalmente inesperada me encontré cara a cara con uno de los hombres que había abusado de mí sexualmente cuando era niña. Para entonces, yo era una adulta madura. Tenía la autoridad y la capacidad de tomar decisiones de forma independiente. Podía elegir cómo manejar la situación. Debido a que otras personas estaban involucradas y se habrían visto afectadas por mi decisión, opté por pasar un tiempo con él.

No había visto a esta persona desde hacía treinta años o más. Durante ese tiempo, había depositado el asunto en el altar muchas veces. Y finalmente, lo dejé con éxito a los pies de Jesús. Creí en mi corazón que había lidiado con el abuso. No albergaba ninguna amargura ni rencor. No obstante, nunca tuve que probar esa creencia porque nunca tuve que estar en contacto con el hombre.

Mientras visitaba a una persona cercana a mí durante algunas semanas, me encontré con que el hombre visitaba ocasionalmente la casa en la que me hospedaba porque estaba ayudando a mi anfitriona a lidiar con ciertas dificultades en su vida. Cuando invitó a mi anfitriona, a su familia y a mí a visitar su casa para después salir a cenar con él y su esposa, acepté la invitación. Al finalizar la velada, lo abracé y le agradecí la cena y el tiempo que acabábamos de compartir.

¿Cómo podría ser eso posible? ¿Cómo podría haberlo abrazado y estar sinceramente agradecida por haber pasado tiempo con él de nuevo? Tuve que preguntarme a mí misma y a Dios estas mismas preguntas. ¡No es por mi propia fuerza, determinación o incluso negación! Pude enfrentarme a aquel hombre después de tantos años solamente por el toque sanador de Dios.

Esa noche pude ver al hombre sin que surgiera en mí amargura, odio o rencor. Mi cuerpo no empezó a temblar como solía hacerlo con tan solo hablar de él. Pude verlo a los ojos, mantener una conversación y disfrutar de la velada.

No me malinterpreten, no lo invité a formar parte de mi vida de forma continua. No he vuelto a ver ni a hablar con ese hombre desde aquella noche. No lo necesito ni lo quiero en mi vida. Pero esa noche me demostró que puedo estar tranquila y ser cordial cuando las circunstancias sociales nos sitúan en la misma habitación.

Dios es mi refugio. Él fue mi refugio cuando era una niña, y me protegió del abuso. Sí, el abuso ocurrió. Pero, no, ¡el abuso no me destruyó!

Después de regresar a casa de esa visita, empecé a buscar a Dios en relación con todo este asunto. Todavía necesitaba asegurarme de que había sanado del abuso y perdonado al hombre. Necesitaba saber que no estaba caminando en la negación. Dios me dirigió a los pasajes relacionados con el hecho que Él es mi refugio. Aprendí que necesitaba refugiarme en Él para recibir su protección. Me sostenía en sólidos fundamentos bíblicos con esa creencia. Sin embargo, no podía entender cómo Dios era mi refugio cuando era una niña y no sabía cómo correr hacia Él o cuando no podía correr hacia Él debido a la simple conmoción, la deshonra y la vergüenza de la situación. Si no corrí hacia Él, ¿cómo pudo entonces Él ser mi refugio?

Todavía estaba luchando con esas preguntas cuando Mike y yo fuimos a un crucero por Alaska. Una de las excursiones que hicimos en Alaska fue el alpinismo y el rapel. Mientras escalaba una pared de roca de dos metros, me mantuve a salvo gracias a un hombre que sostenía mis cuerdas para evitar que me cayera. Me alentó y me guió cuando no podía encontrar lo que a mi parecer era un punto seguro de apoyo. En una de esas ocasiones, el hombre me gritó: «Utilice esa hendidura, la hendidura de la roca».

Inmediatamente, mi corazón comenzó a cantar: «Él refugia mi alma en la hendidura de la peña que da sombra a una tierra seca y sedienta. Él refugia mi vida en las profundidades de su amor y me cubre allí con su mano, y me cubre allí con su mano».[8]

Desde ese momento hasta que llegué a casa de las vacaciones y tuve la oportunidad de investigar la **hendidura de la roca**, conocí la clave por la que Dios era mi refugio cuando no sabía correr hacia Él. Cuando no pude correr hacia Él, fui resguardada por Él en la hendidura de la roca. Fue ahí cuando encontré, como diría Paul Harvey, el «resto de la historia». Ahí fue cuando encontré la belleza de Dios como mi refugio.

Verá, mientras esté cerca de Dios tal como Él me ha invitado a hacerlo, entonces no necesito realizar una acción afirmativa y voluntaria para obtener refugio de Él. Por el contrario, cuando estoy cerca de Él, donde Él me ha invitado a estar, me pone en la hendidura de la peña y me cubre con su mano para protegerme. Durante todos estos años, Dios ha sido mi refugio y me ha protegido de las secuelas del abuso.

Pero espere, ¡hay más! Recuerde que en Éxodo 33:23, Dios le dijo a Moisés que después de haber pasado, Dios quitaría su mano, y Moisés vería su espalda.[9] Como Dios no es un ser físico, no se está refiriendo a su espalda física. En cambio, Dios se está refiriendo a las repercusiones de su radiante gloria.

Dios es y fue mi refugio. Él me colocó en la hendidura de la peña para protegerme. Mientras escalaba la roca en Alaska, contemplé los efectos posteriores de su glorioso refugio y protección, dado que Dios retiró su mano. Dios me dio incluso la oportunidad de confirmar que había puesto el abuso efectivamente en el altar y que soy sana. Él eliminó mi vergüenza hace muchos años. Él obró todo para bien. Ahora puedo ayudar a otros que han tenido experiencias similares u otro tipo de abuso para que vean cómo Dios los ha protegido y cómo Él es y fue su refugio. Y puedo regocijarme en el Señor. Él es mi salvador, mi protector y mi refugio.

El Perdón – Un Refugio del Pecado

Dios es un refugio para sus hijos. Personalmente, creo que es un refugio para todos los niños u otras personas que carecen de la capacidad de elegir entre sus caminos o los del mundo. Una vez que haya adquirido esa capacidad, Él se convierte en su refugio cuando entra en una relación con Él a través de la salvación. Como he explicado anteriormente, hay dos maneras de estar bajo la protección del refugio que le ofrece: 1) Realizar una acción afirmativa y voluntaria para tomar refugio en Él; o 2) Estar tan cerca de Él, donde Él le ha invitado, para que pueda ser su refugio incluso cuando no sea capaz de realizar la acción afirmativa y voluntaria de buscar su refugio.

Aprendemos tanto de David, un hombre conforme al corazón de Dios,[10] sobre cómo acercarnos a Dios para ser protegidos del peligro cada vez que surja en nuestras vidas. En primer lugar, debemos vivir una vida de confianza en Dios y derramar todo nuestro corazón en Él.[11] Derramar nuestro corazón en Dios quiere decir que nos comunicaremos abiertamente con Él en todo momento, no sólo cuando lo necesitamos. Podemos derramar nuestro corazón en Dios sin importar el estado emocional en el que nos encontremos: en la alabanza y la adoración; en el quebranto; en la confusión; en la exaltación. Cuando confiamos en Dios, no necesitamos ocultar nuestros sentimientos. Solamente tenemos que ser auténticos con Él.

David y otros salmistas nos han enseñado a clamar al Señor.[12] El Señor quiere estar en comunión con nosotros. Espera escuchar de nosotros.[13] Debido a que vivimos en el mundo, que es limitado en tiempo y espacio, con frecuencia nos encontramos frenados para clamar a Él. Los hombres comenzaron a clamar al Señor desde la tercera generación de la vida.[14] Y Dios aún quiere saber de nosotros con regularidad. Podemos clamar a Él en la alabanza, en la adoración, en acción de gracias, en los problemas, en la angustia y en el arrepentimiento.[15] ¡Dios sólo quiere saber de nosotros!

Es interesante que clamar al Señor sea asociado con la justicia, mientras que no clamar al Señor esté asociado con la iniquidad. David proclamó: «Los ojos de Jehová están sobre los justos, y atentos sus oídos al clamor de ellos. ...Claman los justos, y Jehová oye, y los libra de todas sus angustias».[16] Cuando el apóstol Pablo escribió a su hijo en la fe, Timoteo, lo amonestó para que huyera de las pasiones juveniles, «sigue la justicia... con los que de corazón limpio invocan al Señor».[17]

Por otro lado, no clamar al Señor es parte de la iniquidad. El rey David reconoció que los «obreros de la iniquidad» no claman al Señor.[18] Mientras se lamentaba por Jerusalén, el salmista Asaf oró para que Dios derramara su ira sobre las «naciones» y los reinos que no han clamado su nombre.[19] Las personas que viven fuera de los caminos de Dios y de su voluntad no claman a Él.

Clamar al Señor es parte de una relación estrecha e íntima con Dios, contestando a su invitación a caminar de cerca con Él, tal y como lo hizo Moisés. En esta relación no es necesario dar un paso afirmativo y voluntario hacia Dios cuando nos enfrentamos a los problemas. Al contrario, ya estaremos lo suficientemente cerca para que Él nos proteja poniendo su mano sobre nosotros hasta el momento en que nos muestre las consecuencias de su gloria.

También es importante señalar la relación entre «refugio» y pecado. BibleMesh nos recuerda que vivimos en un mundo de pecado, que ocasiona estragos en nuestras vidas, creando amenazas a nuestro bienestar físico, espiritual y emocional.[20] No obstante, como nuestro refugio, Dios nos salva del pecado y de todas sus consecuencias.[21]

> El Señor es nuestro refugio en el Día del Juicio. Aunque traerá un día de juicio por el pecado, concede a su pueblo el perdón y le da refugio de su ira (Nahúm 1:7; Deuteronomio 32:37). Efectivamente, la mayor necesidad de todos los hombres y mujeres es refugiarse de las horribles consecuencias del pecado, y esta palabra de la Escritura nos recuerda que Dios ofrece ese refugio.[22]

Los sacrificios del Antiguo Testamento, los cuales solo cubrían el pecado y debían repetirse regularmente, no eran suficientes para ser un refugio que eliminara el pecado.[23] Pero, afortunadamente, Dios nos proporciona un refugio del pecado por la sangre de Jesucristo.[24] Es más, somos liberados del dominio del pecado y vivimos bajo la gracia.[25] Ahora somos servidores de la justicia.[26]

Cuando el pecado todavía tenía dominio sobre nosotros, solíamos sentir culpa y vergüenza, porque el fruto de la iniquidad incluye la vergüenza.[27] Incluso sentimos vergüenza por cosas que no fueron de nuestra elección ni hicimos. Sin embargo, cuando vivimos bajo el refugio de Dios, somos liberados de la vergüenza. El fruto que ahora llevamos es la santidad y la vida eterna.[28]

Que gran refugio es nuestro Dios, y quiero permanecer tan cerca de Él como para que me ponga en la hendidura de la peña y ponga su mano sobre mí para protegerme. ¡Y qué glorioso es el día en que Él retira esa mano y me muestra el efecto posterior de su gloria! ¡Aleluya!

Contemple Cómo Dios Ha Sido Su Refugio

Estoy tan agradecida porque, además de protegernos, Dios también es un lugar seguro. Que gran experiencia tuve cuando supe que Él me había colocado en la hendidura de una peña con su mano sobre mí hasta que pude ver cómo Él era glorificado en las dificultades y experiencias de abuso de mi pasado.

Ahora le animo a reflexionar sobre su propia vida.

- ¿Ha tenido experiencias que son difíciles de ver desde los ojos de la fe?

_____
_____
_____
_____
_____

- ¿Ha acudido a Dios en busca de protección?

  _____
  _____
  _____
  _____

- ¿Estaba lo suficientemente cerca de Dios en ese momento como para que Él lo colocara en la hendidura de una peña sin que usted tuviera que moverse hacia Él, o dio pasos hacia Él para encontrar seguridad?

  _____
  _____
  _____
  _____

- Si ahora puede ver las secuelas de la gloria de Dios en esas situaciones, dedique algún tiempo para agradecer a Dios por mostrarle su gloria. Si aún no ha podido identificar su gloria en las distintas situaciones, pídale a Dios que se la muestre. Lleve un registro de lo que aprende de Dios.

  _____
  _____
  _____
  _____

Anote estas cosas para contemplarlas en oración. Permita que Dios le muestre cómo lo ha criado mientras lee el próximo capítulo sobre ser más que una estadística.

9

De Acuerdo con las Cifras:

Somos Más que una Estadística

¡Hola Papá, soy yo!

Últimamente, he estado pensando en que posiblemente te sientas culpable por habernos dejado a Randy y a mí cuando éramos jóvenes y por no haber formado parte de nuestras vidas mientras crecíamos. Recuerdo haber escuchado una conversación una vez que visité tu casa. Probablemente tenía treinta y tantos años en ese momento. Alguien de tu familia comentó a otra persona, no recuerdo quién, que sentía pena por Randy y por mí porque crecimos sin nuestro padre. Ese comentario me impactó porque no veía mi vida como algo lamentable, especialmente por parte de alguien que realmente no sabía mucho de mi vida.

Ahora que he pensado mucho en la culpa que has sentido, me pregunto si se debe en parte a las numerosas estadísticas sobre niños criados sin un padre activo en sus vidas. Admito que, al centrarme en las estadísticas, la vida parece bastante sombría. Pero lo que he aprendido, papá, ¡es que soy más que una estadística!

¿Caí en algunas de las trampas en las que caen muchas niñas criadas sin un padre activo en sus vidas? Sí. ¿Pero eso me definió? No.

Una cosa que he aprendido de mi Padre celestial es que a Él no le importa mucho categorizar a las personas por números. Cuando Dios ordenó a Moisés que hiciera un censo después de sacar a los hijos de Israel de Egipto, lo hizo para establecer las ofrendas del pueblo para el funcionamiento y mantenimiento del tabernáculo.[1] Debido a que este censo era para el beneficio de mantener la adoración, en realidad benefició a las personas y no las separó por categorías perjudiciales.

Posteriormente, el rey David ordenó un censo del pueblo de Israel.²

Los resultados del censo fueron comunicados solo para los combatientes. La Biblia no aclara el porqué, pero Dios estaba enojado con David por realizar el censo, y castigó al pueblo por ello. Los que escriben acerca del censo de David suelen señalar que los motivos que David tuvo para hacer el censo fueron la razón por la que Dios estaba enojado. Algunos especulan que la intención de David era puramente el engrandecimiento de sí mismo al cuantificar su poder.³ Otros asumen que la intención de David era aumentar el poder de su reino en lugar de seguir dependiendo humildemente de Dios.⁴ Otra razón que se propone es que David ya no confiaba en la seguridad de Dios y buscaba consuelo en el poder militar de su nación.⁵ Desde mi punto de vista, David clasificó a las personas para tratarlas de forma diferente a la población general, y tenía expectativas diferentes para ellas. Numerar y categorizar a las personas para darles un trato distinto no agrada a Dios.

El apóstol Pablo explicó a los cristianos de las iglesias de Galacia que entre los creyentes no hay diferentes categorías, ni judíos ni griegos, ni esclavos ni libres, ni hombres ni mujeres.⁶ Todos somos hijos de Dios… punto. A Dios no le sirve numerar y asignar a las personas en categorías que son perjudiciales. Nuestras experiencias de vida no nos definen; nuestra relación con Dios sí.

Papá, no tienes que sentirte culpable por la cantidad de estadísticas abrumadoras y sombrías sobre los niños criados sin un padre en casa, o cualquier otra estadística al respecto. Fui criada por el mejor, mi Padre celestial. Y Él ha superado con creces todo lo que podría haber soñado para mi vida.

De mí, ¡la que siempre quiso ser «tu pequeña»!

Julie

Las Estadísticas Pueden Ser Abrumadoras

De niña no prestaba mucha atención a las estadísticas, pero en mi primer año de universidad recibí clases de sociología y psicología. Ambas estaban llenas de estadísticas sobre diferentes categorías en las que se encuentra cada persona. Obtuve una licenciatura en matemáticas para poder enseñar matemáticas en educación secundaria. Como parte del currículo, había una clase llamada Probabilidad y Estadística. En la clase aprendí a leer información estadística y a estructurar adecuadamente un estudio estadístico. Entre más aprendía sobre estadística, más me daba cuenta de la importancia que tienen las estadísticas sobre la perspectiva de la vida de las personas.

A medida que fui creciendo y empecé a prestar atención a actividades políticas, me di cuenta de cómo las estadísticas impulsan la política gubernamental y social. A partir de ese momento empecé a sentirme como una simple estadística; y me di cuenta de que se suponía que no iba a ser capaz de lograr casi nada. Sí, tomé decisiones que eran consistentes con lo que algunas de las estadísticas decían que haría, ya que me crié sin un padre biológico activo en mi vida. Sin embargo, como le dije a papá en mi carta anterior, esas decisiones y esas estadísticas no me definen. Y sus decisiones y las estadísticas no le definen.

La Vida Según las Estadísticas

Es importante entender el impacto de la ausencia de un padre en nuestro mundo, ya sea que definamos nuestras vidas por las categorías estadísticas en las que entramos o no. Las estadísticas nos ayudan a entenderlo y son importantes para desarrollar estrategias gubernamentales y programas sociales. Pero debemos evitar centrarnos en ellas, aplicarlas a nuestra vida y permitir que se conviertan en una profecía que se cumpla sobre nosotros. En esta sección compartiré algunas de las estadísticas. Incluso si tiene un poco o ningún aprecio por las estadísticas, o nunca ha considerado que solo es una estadística, le animo a seguir leyendo esta sección para hacerse una idea de los obstáculos a los que se enfrentan las personas criadas con un padre ausente. En la siguiente sección, ¡nos veremos a nosotros mismos a través de los ojos de Dios!

Hay que reconocer que la falta de un padre es un problema a nivel mundial. Sin embargo, las siguientes estadísticas se basan únicamente en los hogares estadounidenses. Más de 24,7 millones de niños viven en un hogar sin la presencia de su padre biológico.[7] Algunos defensores de la crianza de los hijos afirman que: «casi todos los males sociales a los que se enfrentan los niños de Estados Unidos están relacionados con la falta del padre».[8] A continuación se presenta una lista de estadísticas que describen el impacto que la ausencia de un padre tiene sobre los niños en Estados Unidos.

- «Los niños en hogares en los que no está el padre tienen casi cuatro veces más probabilidades de ser pobres. En 2011, el 12% de los niños de las familias con parejas casadas vivían en la pobreza, contra el 44% de los niños de las familias con solo la madre».[9]
- «Los niños que viven en familias encabezadas por una mujer y sin cónyuge tienen una tasa de pobreza del 47,6%, más de 4 veces la tasa de las familias con parejas casadas».[10]
- «El Departamento de Salud y Servicios Humanitarios de EE.UU. afirma que: "los niños sin padre corren un riesgo mucho mayor de abusar de las drogas y el alcohol"».[11]
- «Los niños de hogares con un solo padre tienen más del doble de probabilidades de suicidarse».[12]
- «Disminución de la autoestima y compromiso de la seguridad física y emocional (los niños afirman sistemáticamente sentirse abandonados cuando sus padres no participan en sus vidas, luchan con sus emociones y sufren episodios de autodesprecio)».[13]

- «Problemas de comportamiento (los niños sin padre experimentan más dificultades de adaptación social, y son más propensos a informar de problemas con las amistades, y manifiestan problemas de comportamiento; muchos desarrollan una personalidad arrogante en un intento de disimular sus miedos, resentimientos, ansiedades e infelicidad)».[14]
- «Ausencia escolar y bajo rendimiento académico (el 71 por ciento de los que abandonan la escuela secundaria son huérfanos de padre; los niños huérfanos tienen más problemas académicos y obtienen peores resultados en las pruebas de lectura, matemáticas y habilidades de razonamiento; los niños de hogares con ausencia paterna tienen más probabilidades de ausentarse de la escuela, más probabilidades de ser excluidos de la misma, más probabilidades de abandonar la escuela a los 16 años y menos probabilidades de obtener cualificaciones académicas y profesionales en la edad adulta)».[15]
- «Delincuencia juvenil, incluidos los delitos violentos (el 85 por ciento de los jóvenes encarcelados tienen un padre ausente; los niños sin padre tienen más probabilidades de delinquir y de ir a la cárcel cuando son adultos)».[16]
- «Promiscuidad y embarazo adolescente (los niños sin padre son más propensos a experimentar problemas de salud sexual, incluyendo una mayor probabilidad de tener relaciones sexuales antes de los 16 años, renunciando a la anticoncepción durante la primera relación sexual, convirtiéndose en padres adolescentes y contrayendo infecciones de transmisión sexual; las niñas manifiestan un hambre objetiva por los hombres, y al experimentar la pérdida emocional de sus padres egocéntricamente como un rechazo a ellas, se vuelven susceptibles a ser explotadas por los hombres adultos)».[17]
- «Oportunidades en la vida (cuando son adultos, los niños sin padre tienen más probabilidades de estar desempleados, tener bajos ingre-

sos, seguir recibiendo asistencia social y quedarse sin hogar)».[18]
- «Relaciones futuras (los hijos con padres ausentes tienden a formar relaciones amorosas más tempranas, es más probable que se divorcien o disuelvan sus uniones de hecho, y es más probable que tengan hijos fuera del matrimonio o de cualquier pareja)».[19]

Las estadísticas anteriores se limitan al impacto en los niños que crecen sin un padre activo en el hogar. Muchos de estos niños también sufrirán abuso infantil[20] y abuso sexual infantil.[21] Los niños víctimas de abusos suelen padecer trastornos mentales, adicciones y otros problemas relacionados con el maltrato infantil, como «el riesgo de sufrir violencia por parte de su pareja, alcoholismo y abuso de alcohol, abuso de drogas ilícitas, fumar y beber a una edad temprana, depresión e intentos de suicidio».[22] Las víctimas de abuso sexual infantil «tienen un riesgo significativamente mayor de padecer más tarde estrés postraumático y otros síntomas de ansiedad, depresión e intentos de suicidio».[23] Los problemas psicológicos suelen «provocar trastornos importantes en el desarrollo normal y con frecuencia tienen un impacto duradero, lo que provoca disfunciones y angustia hasta bien entrada la edad adulta».[24]

Si nos centramos en estas estadísticas, es fácil que nos veamos a nosotros mismos como una simple estadística, sobre todo cuando una o varias de las estadísticas resultan ser ciertas en nuestra vida. Durante mi infancia pasé por periodos de pobreza, viví en alojamientos subsidiados y estuve en las listas de la beneficencia. Definitivamente, rendí por debajo de mi potencial académico. Me gradué de la escuela secundaria con un promedio de setenta, sin embargo, siendo adulta me gradué *magna cum laude* con una licenciatura y *cum laude* con un doctorado en derecho. Viví un embarazo adolescente, aunque tenía veinte años cuando ella nació.

Los primeros años de mi vida adulta fueron un poco traumáticos, ya que me casé a los dieciocho años y me separé a los diecinueve, tuve una hija a los veinte y me volví a casar a los veintiuno. Hasta los veintiún años, mi vida parecía ser una estadística tras otra. Pero ese no es el final de la historia. Y esa no es mi identidad.

Cambio de Vida

Entonces, ¿qué sucedió cuando tenía veintiún años que marcó la diferencia en mi vida? Finalmente, me tomé muy en serio mi relación con Dios. Aunque me consideré cristiana tras ser bautizada de niña, y fui muy activa en mi iglesia y en el grupo de jóvenes durante la escuela secundaria, no me dediqué a conocer realmente a Dios y a aprender sus caminos hasta después de tener a mi hija. A medida que fui aprendiendo más sobre Dios y sus caminos, comencé a aprender que yo era mucho más que una estadística. Y Dios comenzó a ayudarme a tomar mejores decisiones. Me enseñó a ser esposa y madre.

Al igual que le expliqué a papá en una carta anterior, Dios comenzó a mostrarme su amor eterno un día mientras yo vivía sumida en el pecado. Estaba en una relación en la que no debería haber estado y estaba embarazada. Entonces, una tarde, mientras estaba sola en mi habitación, tomé la Biblia. Y allí estaba Él, asegurándome con su Palabra de nuevo, atrayéndome de nuevo hacia Él. No, no hice ningún cambio inmediato en mi vida esa tarde, pero sabía que Dios me estaba atrayendo y que eventualmente volvería a Él. Y lo hice.

Cuando estaba embarazada de unos tres meses, volví a mi ciudad natal y viví con mi madre. Volví a casa porque el padre biológico de Trisha y yo no teníamos los medios necesarios para cuidar de esta preciosa bebé y mantenernos.

En casa de mi madre, compartía un pequeño dormitorio con mi hija pequeña. Mientras me encontraba despierta una noche alimentándola, supe que tenía que volver a Dios, porque no podía criar a Trisha sin su ayuda. ¡Volví a sacar mi Biblia y le pedí a Dios que me mostrara que Él es real! Me convencí a mí misma de que Él no podía ser real porque, de serlo, no me habría dejado estropear tanto mi vida. Pero Dios nos ama lo suficiente como para permitirnos tomar decisiones. Y yo tomé algunas malas.

Dios me perdonó. Escribí al padre de Trisha y le expliqué que la criaría sola, porque necesitaba criarla en un hogar cristiano. Empecé a asistir a la iglesia de nuevo, solo Trisha y yo. Eso fue difícil porque las personas que me conocían como parte del grupo de jóvenes tenían problemas para aceptarme como madre soltera. No podía escapar de la culpa y la vergüenza. Entonces Dios me llevó a una iglesia diferente donde las personas no conocían mi vida anterior. Obviamente, sabían que era una madre soltera con una bebé muy pequeña. Pero sólo querían mostrarme el amor de Dios. Y lo hicieron.

Dios se estaba moviendo en mi vida de una manera que no podría ni siquiera haber soñado. Cuando Trisha tenía seis meses, empecé a salir con un joven con el que trabajaba en un pequeño aeropuerto. Incluso eso fue algo orquestado por Dios.

Cuando recién regresé mi ciudad natal, tuve que encontrar un empleo. Solicité una entrevista para un puesto en el Aeropuerto Industrial del Condado de Johnson. Al programar la entrevista, el encargado me preguntó si sabía dónde estaba el aeropuerto. Claro que lo sabía. Había vivido en esa ciudad casi toda mi vida. Así que le expliqué que sabía dónde estaba y que no necesitaba indicaciones.

El día en que estaba programada la entrevista, me dirigí al aeropuerto. Le expliqué al recepcionista que estaba allí para una entrevista. Informó a alguien y me envió a reunirme con uno de los propietarios de la empresa en el aeropuerto. Me ofrecieron el trabajo esa misma tarde y empecé a trabajar al día siguiente. No fue hasta algún tiempo después que me di cuenta de que me había equivocado de aeropuerto para la entrevista. Me dirigí al Aeropuerto Ejecutivo del Condado de Johnson, no al Aeropuerto Industrial del Condado de Johnson. No tenía una cita para una entrevista en el Aeropuerto Ejecutivo. Ni siquiera sabía que tenían una vacante. ¡Pero Dios sí! Y Él me llevó a ese aeropuerto en un momento en que uno de los propietarios estaba disponible para entrevistarme y ofrecerme un trabajo. Fue en ese trabajo donde conocí a Mike, el joven con el que más tarde empecé a salir y con el que finalmente me casé.

Como mencioné en un capítulo anterior, al poco tiempo de nacer Trisha se puso muy enferma. Tenía problemas respiratorios. Los médicos no fueron capaces de diagnosticar el problema. Se inició un ciclo de hospitalizaciones. Cada vez que se ponía tan enferma que apenas podía respirar, los médicos la ingresaban en el hospital. Se quedaba bajo una cámara de oxígeno durante unas dos semanas hasta que sus pulmones se limpiaban. Después me la llevaba a casa y su salud empezaba a decaer de nuevo. Transcurrirían dos semanas aproximadamente antes de que los médicos la volvieran a ingresar en el hospital bajo una cámara de oxígeno. Nuestra vida se había convertido en un ciclo de dos semanas en el hospital, luego dos semanas fuera del hospital. Esto se prolongó hasta que cumplió trece meses.

Para poder pagar las medicinas y las cuentas médicas de Trisha, tuve que trabajar en dos empleos. Encontré un trabajo a tiempo completo en una empresa de suministros de telecomunicaciones. El trabajo pagaba mejor que el aeropuerto y trabajaba allí de lunes a viernes. Seguí trabajando en el aeropuerto por las tardes.

Durante las dos semanas que Trisha se encontraba en el hospital, me levantaba a las 5:00 de la mañana, conducía hasta el hospital para visitarla de camino a mi trabajo de tiempo completo y volvía al hospital durante mi hora de almuerzo. Cuando terminaba mi jornada en la empresa de suministros de telecomunicaciones, volvía al hospital durante unos minutos y después me dirigía al aeropuerto para ir a mi trabajo vespertino, donde trabajaba hasta las 9:00. Después de las 9:00 volvía al hospital para visitar a Trisha hasta las 10:00 más o menos. Después, conducía a casa para dormir un poco antes de volver a empezar la rutina al día siguiente.

Fueron tiempos difíciles, pero Dios estaba con nosotros. ¿Recuerdan a Mike? Un día al visitar el hospital durante mi hora de almuerzo, encontré a Mike sentado en la habitación de Trisha. Nunca le pedí que la visitara. Nunca mencionó que iba a hacerlo. Simplemente lo hizo. En ese momento, él estaba en su tercer año en una universidad situada a solo tres calles del hospital. Entre clases, fue al hospital y se sentó con ella. ¿Quién no se enamoraría de un hombre así? Siempre he bromeado con él diciendo que se enamoró de Trisha y ¡se casó conmigo porque éramos un paquete!

¡Dios superó con creces cualquier cosa que yo hubiera soñado cuando orquestó que Mike y yo nos encontráramos en un trabajo para el que yo nunca había planeado una entrevista! Lo hizo tal y como lo describió el apóstol Pablo a la iglesia de Éfeso: «a Aquel que es poderoso para hacer todas las cosas mucho más abundantemente de lo que pedimos o entendemos, según el poder que actúa en nosotros».[25] Y Él continúa superando cada uno de mis sueños mientras Mike y yo caminamos juntos por nuestras vidas. ¡Y a través de los años, Dios me ha mostrado que no soy solo una estadística!

Más Que Una Estadística

Para Dios somos mucho más que una simple estadística, no importa cuál haya sido nuestra experiencia de vida. Dios no nos ve como las demás personas, sino que mira nuestro corazón.[26] Él nos conoce mejor que nadie, incluso mejor que nosotros mismos.[27] Y Él nos ama, incluso antes de que experimentemos la salvación.

Como proclamó el rey David, cada uno de nosotros es «hecho con temor y maravilla».[28] Cuando nos formamos en el vientre de nuestra madre, antes de que consideráramos la salvación, fuimos hechos de manera temerosa y maravillosa. Esto significa que Dios nos formó de un modo que es único entre su creación y que inspira asombro y reverencia hacia Él.[29] Nos hizo a cada uno de nosotros con un propósito particular.[30] Y en su gran amor, nos eligió para que fuéramos santos e irreprochables ante Él.[31] Así es como nos creó y por eso nos atrae a la salvación, a una relación con Él, para que cuando seamos salvos, se regocije con nosotros con alegría.[32] La Biblia Amplificada ilustra un hermoso escenario en Sofonías 3:17.

¡El Señor tu Dios está en medio de ti, un Poderoso, un Salvador [que salva]! Se regocijará sobre ti con alegría; descansará [en silenciosa satisfacción] y en su amor callará y no hará mención [de los pecados pasados, ni siquiera los recordará]; se regocijará sobre ti con cantos.[33]

¿No es ésta una hermosa imagen de Dios al momento en que alcanzamos la salvación, entrando en la relación que siempre ha buscado con nosotros después de que la perfecta relación que creó con el hombre fuera destruida por el pecado de Adán y Eva? ¿No puede imaginarlo en la forma corporal de Cristo, de pie y levantando sus manos en señal de júbilo por haberle dado la espalda a su pasado y al mundo y haber llegado hasta Él como su Salvador y Padre?

Para mí, incluso me veo sentada en sus rodillas como una niña, con mi cabeza contra su pecho, escuchando los latidos de su corazón, sabiendo que soy su hija y que soy amada. A partir del momento de la salvación, cuando Dios nos ha reconciliado con Él, a los ojos de Dios somos una nueva creación; nada de lo que hemos hecho con anterioridad existe y todo es nuevo.[34] Así es como Dios nos ve y así es como somos.

Quiénes Somos en Cristo

En el momento de la salvación, el momento en que se convierte en un hijo de Dios, ¡las estadísticas ya no se aplican a usted! El mundo ya no le conoce, como tampoco conoció a Jesucristo.[35] Ya no ha nacido simplemente de la sangre o por la voluntad de sus padres, sino que ha nacido de Dios.[36] Usted ha sido elegido por Dios para ser su hijo.[37] ¡No hay estudios, ni estadísticas, que puedan describir a un hijo de Dios!

Usted es un hijo de Dios, porque Dios lo ha atraído hacia Él.[38] Ahora es perdonado y limpio de su pasado.[39] Y debido a esa limpieza, no está sujeto a la condenación de Dios.[40]

A medida que usted madura como hijo de Dios, se le irán mostrando las cosas que a Él le agradan. Como describí en un capítulo anterior, cuando me entrenaba para el ciclismo de larga distancia, Dios comenzó a bendecirme con oportunidades para ver su creación y la vida silvestre. Me alegraba con Dios cada vez que veía algo, como el pavo real cerca del campo. Cuanto más me regocijaba en Él por las vistas, mayor era la cantidad de oportunidades que me proporcionaba para ver su creación. Me mostró que la tierra es el estrado de sus pies,[41] así que cuando amo, aprecio y agradezco por la naturaleza (su creación), estoy adorando a sus pies. Usted también crecerá en la comprensión de lo que es agradable a Dios. Y deseará hacer más de las cosas que le agradan a Él, dejando menos tiempo para hacer las cosas que no le agradan.

Así, su vida se enriquecerá mucho más cuando busque agradar a Dios. Sin embargo, con frecuencia los viejos amigos o la familia que no comparten la misma relación con Dios no lo entenderán. Esto a veces puede causar dificultades en sus relaciones. Pero no se preocupe ni tenga temor. Como hijo de Dios, usted será capaz de manejar la lucha. Al igual que el apóstol Pablo, usted será capaz de hacer todas las cosas, resistir todas las luchas y las dificultades por medio de Cristo, que lo fortalecerá.[42]

También es importante recordar que una relación con Dios no elimina todas las dificultades de la vida. Sin duda, experimenté desafíos siendo cristiana, el más difícil fue el plan de mi hijo de siete años para suicidarse. No obstante, Dios nos acompañó a mi esposo y a mí a través de eso, dándonos sabiduría y fuerza. Como expliqué en un capítulo preliminar, Jesús enseñó que el bien y el mal le suceden a todos, tanto a los justos como a los impíos.[43] No escapamos de las dificultades de este mundo simplemente porque caminamos dentro de una relación con Dios.

El apóstol Pablo desafió a la iglesia de Roma, cuestionando qué experiencias podrían separarnos del amor de Cristo.[44] Enumeró algunas de las dificultades más extremas de la vida, como la tribulación, la angustia, la persecución, el hambre, la desnudez, el peligro o la espada.[45] En respuesta a su propia pregunta, Pablo proclamó con valentía: «Antes, en todas estas cosas somos más que vencedores por medio de aquel que nos amó».[46] Es probable que nunca llegue a experimentar estas extremas dificultades en su propia vida, pero sí experimentará dificultades. Y algunas de ellas pueden ser extremas. Pero usted puede tener la misma confianza que el apóstol Pablo. Usted también es más que vencedor por medio de Cristo que lo ama.

Más allá de todo, lo que somos en Cristo incluye ser templo de Dios y miembro de un sacerdocio real. Somos el templo de Dios porque su precioso Espíritu Santo vive en nosotros.[47] Ahí mismo, dentro de usted, ¡tiene acceso al mejor maestro! El Espíritu Santo le enseñará todo lo que necesita saber sobre una vida con Cristo y le recordará todo lo que Cristo enseñó aquí en la tierra.[48] El Espíritu Santo le revelará las cosas más profundas de Dios.[49] He descubierto que a medida que voy aprendiendo más y más sobre Dios, también he crecido para amarlo más y más. ¡Y no pretendo saber mucho! Pero sé más y lo amo más que cuando empecé a caminar con Él. Estoy convencida de que lo mismo ocurrirá con usted si deja que el Espíritu Santo le enseñe y le guíe.

Y, finalmente, usted es miembro de un sacerdocio real.[50] ¿Qué quiere decir esto? Quiere decir que se le ha dado acceso a la sala del trono de Dios y puede estar en su misma presencia.[51] Usted puede venir a Él con valentía.[52] Puede ofrecer libremente sacrificios de alabanza, de acción de gracias y de adoración. También podrá sentirse libre de compartir su corazón, sus heridas, sus preguntas, su alegría, sus sueños, su amor. ¡Puede ser usted mismo a los pies de Jesús!

Contemple Cómo Dios Le Ha Hecho Más Que Una Estadística

¿Se ha sentido alguna vez como una simple estadística? Al leer este capítulo, ¿se ha visto a sí mismo en las estadísticas? Si es así, ¿en cuáles?

_____

_____

No quiero que se centre en las estadísticas. En cambio, le animo a considerar realmente quién es usted en Cristo.

- ¿Se siente identificado con ese deseo de sentarse a los pies de Jesús, o sobre sus rodillas con la cabeza apoyada en su pecho, escuchando los latidos de su corazón? ¿Cómo ha encontrado esa intimidad con Dios?

- Como hijo de Dios elegido, perdonado y purificado, ¿vive libre de condenación? Si no es así, considere algunas de las escrituras referidas en este capítulo y enumeradas en las notas y reemplace su pensamiento de condenación con la seguridad de Dios.

- Considere un ejemplo de cómo Dios le ha ayudado a superar las dificultades de la vida desde que es cristiano.

- ¿Está tan seguro como el apóstol Pablo de que ninguna experiencia en la vida puede separarlo de Dios? Si no es así, revise las escrituras a las que se hace referencia en este capítulo y que se enumeran en las notas, y ore por ellas para fortalecer su confianza.

- Dedique un tiempo a agradecerle a Dios su bondad, a compartir con Él sus alabanzas, sus alegrías y, si aún persisten, sus heridas y sus preguntas. Sea usted mismo ante el Señor. ¡Descanse en su rodilla con su cabeza en su pecho y escuche los latidos de su corazón para usted!

Anote las respuestas anteriores para contemplarlas en oración. Permita que Dios le muestre cómo le ha criado mientras lee el siguiente capítulo sobre a quién ve en el espejo.

10

Imagen Propia:

¿Qué Ve en el Espejo?

¡Hola Papá, soy yo!

Desde que afirmé en mi última carta que soy mucho más que una estadística, me he dado cuenta de que es posible que te sientas culpable porque crees que tengo una mala imagen de mí misma debido a tu ausencia en mi vida. Cuando pienso en mis primeras visitas contigo, comprendo por qué podrías pensar eso. Cuando te conocí, a los dieciséis años, hubieras estado en lo cierto, lo cual era evidente al no tener mucho que decirte durante nuestra visita.

A lo largo de los años he aprendido que la imagen de uno mismo engloba más de lo que uno ve cuando se mira en el espejo. También incluye el modo en que una persona ve su propia actuación y sus relaciones.

Como la mayoría de adolescentes, nunca estuve muy contenta con lo que veía cuando me miraba en el espejo. Tenía orejas grandes, pies grandes y era alta. No salía con muchos chicos, lo que me hacía pensar que no era muy atractiva.

Me consideraba de intelecto promedio, que es lo que mis calificaciones revelaban. No sentía que tuviera nada particularmente interesante que decir a las personas, así que no hablaba mucho. Y a pesar de los esfuerzos de la abuela por impartirme clases de canto, no tenía un talento especial.

Tenía amigos, pero no eran amistades cercanas. Ninguna de esas relaciones resultó ser para toda la vida, ni siquiera duraron hasta el final de la escuela secundaria. Establecía amistades, pero luego todos cambiábamos a otras cosas y a otras personas.

La única relación cercana que tenía en aquel entonces era con la abuela. Oh, cómo me amaba. Y yo la amaba. Y siempre se interesaba por lo que yo tenía para decir. Pensaba que yo era hermosa, inteligente y talentosa. Pasamos muchos sábados por la noche juntas viendo *Lawrence Welk* y *ChiPS*. Soñaba con ser bella como las mujeres de *Lawrence Welk* y bailar en la pista de baile con el hombre más guapo del lugar, que según la opinión de la abuela y mía era Tom Netherton. Era alto, rubio, de ojos azules y sabía cantar como nadie más. Después veíamos *ChiPs*, y yo me moría por Erik Estrada, quien interpretaba a Ponch. No era alto pero tenía los rasgos morenos de sus padres de ascendencia puertorriqueña. Al parecer, la abuela y yo podíamos encontrar belleza en las personas altas, bajas, morenas o blancas. No importaba mientras fueran talentosos.

Por suerte, la imagen que una persona tiene de sí misma cambia con el tiempo basándose en sus experiencias y relaciones. Hace poco leí un artículo en my.clevelandclinic.org en el que se explicaba que «la forma en que pensamos de nosotros mismos afecta cómo nos sentimos y cómo interactuamos con los demás en el mundo que nos rodea».[1] Cuando pienso en la idea que tenía de mí misma al conocernos, no es de extrañar que tuviera pocos amigos que permanecieran durante algún tiempo. No creía que tuviera mucho que ofrecer, y eso parecía reflejarse también en cómo me veían los demás.

Las opiniones de la abuela sobre mí eran muy positivas, y siempre era generosa con sus halagos. Fue a través de sus ojos que empecé a ver cómo me ve Dios. Me había acostumbrado a que las personas me compararan con otras, como mis hermosas primas, y a que yo me viera reducida. Pero por medio de los ojos de la abuela y de las enseñanzas de Dios, aprendí que las comparaciones entre personas no eran un criterio apropiado para evaluarse a uno mismo. El apóstol Pablo dejó claro en 2 Corintios 10:12 y 18 que compararnos con otras personas no era sabio. En cambio, lo único que importa es el elogio de Dios.

Para adquirir una imagen de sí mismo consistente, es importante tener un estándar consistente con el que medirse. Las apariencias, las actuaciones y las relaciones de los demás no son constantes, lo que crea un patrón de medida que cambia asiduamente. La única medida constante disponible es Dios. Él nunca cambia. Según Hebreos 13:8, Él es el mismo ayer, hoy y siempre.[2] Es por sus ojos que ahora me veo a mí misma.

El apóstol Pablo fundó muchas iglesias, escribió dos tercios del Nuevo Testamento y sufrió mucho por la causa de Cristo. Es admirable que comprendiera que solo por la gracia de Dios logró algo. Como explicó en 1 Corintios 15:10: «Pero por la gracia de Dios soy lo que soy; y su gracia no ha sido en vano para conmigo, antes he trabajado más que todos ellos; pero no yo, sino la gracia de Dios conmigo».

Me alegro de que, con el tiempo, mi imagen personal haya mejorado, no por mis experiencias ni mis logros, sino porque aprendí a aplicar el criterio constante de la evaluación que Dios hace de mí. A través de Él me veo a mí misma como amada, hermosa, talentosa y ¡maravillosamente creada! Me ayudó a desarrollar una imagen positiva de mí misma a pesar de las comparaciones que hacían los demás o del hecho de que no estuvieras aquí para ayudarme en el camino. No hay razón para que te sientas culpable. Dios desarrolló en mí la imagen propia que le deleita.

De mí, ¡la que siempre quiso ser «tu pequeña»!

¿Qué Ve en el Espejo?

Muchos de nosotros nos miramos en el espejo y nos criticamos por nuestro aspecto. Sin embargo, la imagen que tenemos de nosotros mismos comprende mucho más y se ha desarrollado a lo largo de nuestra vida.

La imagen propia es la visión personal, o imagen mental, que tenemos de nosotros mismos. La imagen propia es un «diccionario interno» que describe las características del yo, incluyendo cosas como la inteligencia, la belleza, la fealdad, el talento, el egoísmo y la bondad. Estas características forman una representación colectiva de nuestras cualidades (puntos fuertes) y debilidades (puntos débiles) tal y como las vemos.[3]

Si usted reconoce y se apropia de sus cualidades y su potencial, al mismo tiempo que es realista en cuanto a sus obligaciones y limitaciones, tendrá una imagen positiva de sí mismo.[4] Cuando se tiene una imagen positiva de uno mismo, se gana confianza en los pensamientos y las acciones.[5] Por otro lado, si se centra en sus defectos y debilidades, distorsionando el fracaso y las imperfecciones, tiene una imagen negativa de sí mismo.[6] Una imagen negativa propia le hace dudar de sus capacidades e ideas.[7] Afortunadamente, como aún respira, su imagen personal sigue desarrollándose.

Tanto si tiene una imagen positiva como si tiene una negativa de sí mismo, constantemente recibe información y se evalúa según su aspecto físico, su rendimiento y sus relaciones.[8] Estas evaluaciones son impactantes porque no solo afectan cómo se siente uno mismo, sino también a cómo interactúa con el mundo que le rodea.[9]

Cuando estaba en la escuela secundaria, me consideraba una estudiante promedio en el mejor de los casos. Ni mis profesores ni mis padres se interesaron por mis estudios ni me alentaron a mejorar. No tenía ni idea de que podía hacer algo mejor que un promedio de 70, y ciertamente no estaba motivada de ninguna manera para intentar hacerlo.

Entonces, un día, mientras estaba sentada en mi clase de inglés de último año, otra estudiante me compartió un comentario que el profesor le hizo sobre mi redacción. El profesor nos había asignado un trabajo sobre un libro. Leí *El Diario de Ana Frank* y obtuve una calificación sobresaliente en el trabajo, pero el profesor nunca me dijo nada al respecto. En cambio, le comentó a esta otra estudiante lo impresionado que estaba con mi redacción y la profundidad de mi análisis del libro. Me quedé perpleja cuando esta alumna compartió conmigo los comentarios del profesor. Gracias a esa experiencia, empecé a creer que podía escribir y posiblemente ir a la universidad.

No fue hasta algunos años más tarde, después de casarme con Mike y tener tres hijos, que me inscribí en la universidad. Composición fue una de mis primeras clases. El profesor me dio muy buenos comentarios sobre mi escritura. Empecé a ganar confianza y a pensar: «¡Quizá sí tengo intelecto y algo que decir!». Esta fue otra experiencia que mejoró mi percepción de mí.

Aunque tuve muchas experiencias que también me hicieron dudar. Recibí una máquina de coser por mi decimocuarto cumpleaños y aprendí a coser en una clase de economía doméstica. Durante mi último año en la escuela secundaria, elegí un patrón hermoso, pero bastante difícil, y una tela preciosa para una blusa. Me esforcé mucho en hacer la blusa. Los puños apuntaban hacia los codos. Me sentí muy orgullosa de que tanto los puños como el cuello estuvieran perfectamente punteados, como debía ser. Le enseñé la blusa con orgullo a un familiar, esperando que me elogiara por lo bonita que era. En cambio, como el patrón de la tela era unilateral y la parte inferior blanca de la tela podía verse cuando el cuello no estaba abotonado, este familiar criticó la blusa y mi costura. Esa experiencia hizo que mi autoestima volviera a caer por los suelos. Dudaba de poder coser correctamente. Como resultado, corrí a mi habitación, tiré la blusa en mi armario y no volví a coser hasta muchos años después, cuando empecé a hacer los disfraces de Halloween de mis hijos.

Todos nos formamos una imagen propia que cambia con el tiempo junto con nuestra apariencia, habilidades y relaciones. Afortunadamente, la imagen que tenemos de nosotros mismos no tiene por qué subir y bajar como una montaña rusa en función de lo que digan o hagan los demás, o de cómo sintamos que nos comparamos con la belleza, los talentos o las relaciones de los demás. Este tipo de evaluaciones se basan en estándares que cambian constantemente, y que en general están basados en comparaciones imprudentes, y conducen no solo a la inestabilidad en la forma en que nos vemos a nosotros mismos, sino también a la inestabilidad con que conducimos nuestras vidas. En cambio, tenemos que encontrar esa norma estable –la que nunca cambia– para desarrollar una imagen precisa de nosotros mismos.

Dios es el Estándar que Nunca Cambia

Como le expliqué a papá, Dios es el mismo de ayer, hoy y siempre.[10] Cuando nos vemos a través de su parámetro, podemos mantener una imagen propia consistente a lo largo de nuestras vidas. Y será una imagen propia acertada, no una positiva o negativa, y nos permitirá tener confianza al interactuar con el mundo. Reconoceremos y nos centraremos en las fortalezas que tenemos en Cristo siendo realistas con nuestras debilidades.

Cuando el pueblo de Israel se volvió orgulloso y ególatra, probablemente comparándose con otros pueblos, Dios habló a través del profeta Jeremías, recordándoles que su sabiduría, su poderío y sus riquezas no eran dignos de gloria.[11] En cambio, Dios les recordó que sólo debían gloriarse en conocer y comprender a Aquel que ejerce la misericordia, el juicio y la justicia en la tierra, porque esto es lo que deleita al Señor.[12] Este es un estándar constante para evaluarnos. ¿Conoce y comprende la bondad, el juicio y la justicia de Dios? Entonces, a medida que crezca en estos atributos de Dios, tendrá razones para glorificarse... ¡en Él!

El apóstol Pablo nos enseña una clave para tener una imagen propia acertada. A pesar de todo lo que había logrado para Dios y su Iglesia, Pablo se negó a glorificarse en sí mismo, porque eso sería una insensatez.[13] En cambio, aprendió a ver positivamente sus dificultades.[14] Tenía una dolencia a la que llamaba «un aguijón en mi carne, un mensajero de Satanás que me abofetee, para que no me enaltezca sobremanera».[15] Tres veces pidió Pablo al Señor que le quitara la espina.[16] Y Jesús se negó a hacerlo, explicando: «Bástate mi gracia; porque mi poder se perfecciona en la debilidad.»[17] Con ello, Pablo aprendió, y nos enseña, a no despreciar las debilidades, sino a glorificarse en ellas, porque por intermedio de ellas Cristo nos hace fuertes y es glorificado.[18]

Otra de las claves para tener una buena imagen propia es olvidar el pasado y aspirar al futuro. Una vez que tenemos una relación con Cristo, teniendo la salvación por la gracia de Dios a través de la fe, ya no necesitamos mirar nuestro pasado pecaminoso y doloroso. En cambio, nos centramos en la esperanza de la vida eterna con Jesús que nos espera, y buscamos una relación más profunda con Él.[19] Al hacerlo, crecemos en nuestro entendimiento de Él, llegando progresivamente a un conocimiento más profundo e íntimo con Él.[20] El apóstol Pablo describe nuestra identidad como cristianos.

> Porque nosotros [los cristianos] somos la verdadera circuncisión, que adoramos a Dios en espíritu y por el Espíritu de Dios y nos glorificamos y enorgullecemos en Jesucristo, y no ponemos ninguna confianza ni dependencia [en lo que somos] en la carne y en los privilegios externos y las ventajas físicas y las apariencias externas.[21]

Me tomó algún tiempo darme cuenta de quién soy en Cristo, especialmente cuando comencé a enseñar y ministrar a los adultos. Enseñar las clases de la escuela dominical para niños era muy sencillo, y rara vez me creía indigna o incapaz de hacerlo. La mayoría de las iglesias proporcionan un plan de estudios a los profesores de las clases de escuela dominical para niños. Era sencillo enseñar el plan de estudios. Y los niños tienden a derramar amor sobre sus maestros de la escuela dominical, así que no tenía motivos para dudar de mí misma.

Enseñar a los adolescentes fue un poco más difícil porque no aceptan a los profesores tan abiertamente, y a menudo no aceptan las enseñanzas de la Biblia. Así que, cuando me pidieron que enseñara a los adolescentes, me encontré recordando mis propios años de adolescencia y dudando de mí misma. Pero la iglesia seguía facilitando el plan de estudios para enseñar, así que me escondí detrás del plan de estudios y enseñé a los adolescentes. Para ser honesta, me encantaban los adolescentes y todavía me encantan. Pero en ese momento, dudaba de mí misma y de lo que podía ofrecer.

Luego llegó el momento en que me pidieron que enseñara a los adultos y que, ocasionalmente, ministrara en los servicios de entre semana y del domingo. Fue entonces cuando toda la fuerza de mi pasado comenzó a atormentarme. No había ningún plan de estudios tras el que esconderse. Tenía que buscar a Dios, estudiar su Palabra y desarrollar cada lección y mensaje que impartía. Me estaba poniendo a la vista de todos.

Aunque las personas en las clases y los servicios siempre fueron muy afectuosas, me apoyaron y aceptaron como maestra y ministra, tuve dificultades con las dudas y la autocrítica. Me cuestioné lo que podía ofrecer puesto que no me había criado en un hogar cristiano sólido. No me enseñaron sobre la Biblia. No contaba con una escuela bíblica ni con educación en un seminario. «¿Qué podía ofrecer?»

Durante ese tiempo, evalué que tan bien había hablado por la reacción de las personas a las que ministraba. Si recibía comentarios positivos de las personas después de hablar, sentía que había hecho un buen trabajo. Pero si nadie me respondía después, la duda volvía a aparecer y estaba segura de que lo había estropeado. También comparé las reacciones de las personas con la forma en que respondían a otros ministros. Ahí estaba yo, comparando de nuevo, lo que ya hemos aprendido que no agrada a Dios y no conduce a una imagen propia acertada.

Entonces aprendí algo que cambió la forma en que me evaluaba a mí misma y a la eficacia de mi labor ministerial. Había viajado a una conferencia con mi mentora. Ella dio el mensaje en la conferencia y abrió el altar para la oración. Observé a las personas en el altar y le pedí a Dios que me guiara hacia una persona que necesitaba que alguien orara por ella y con ella. Una mujer estaba arrodillada en el suelo y derramando su corazón sobre Dios. Me puse detrás de ella, me arrodillé y comencé a orar fervientemente por ella. Pero me di cuenta de que inmediatamente se paralizó. Ya no buscaba a Dios. Simplemente estaba arrodillada con la cara hacia el suelo. Sin reacción alguna. «¡Oh, Dios! ¿Qué he hecho? ¡He apagado el Espíritu!».

A la mañana siguiente, durante el desayuno, compartí la experiencia con mi mentora. Me explicó que nunca debemos evaluar nuestro impacto por las reacciones de las personas. En cambio, si buscamos la dirección de Dios y actuamos en consecuencia, entonces cumplimos Su voluntad, lo cual es la meta.

No tenía confianza en mi propia carne, ¡pero no se suponía que debía hacerlo! En cambio, al dejar de mirar mi pasado y mi falta de credenciales, crecí confiado en la obra de Cristo a través de mí. Seguí buscándolo más y más, para conocerlo más profundamente. Mientras lo buscaba, Él me dio las palabras para compartir con otros recurriendo a conversaciones personales y hablando en público. Antes de cada intervención oro: «Señor, abriré mi boca. Te pido que la llenes con las palabras que quieres que diga».[22] Después de que ministro su Palabra, no necesito evaluar cómo responden las personas. Tengo plena confianza en que Su voluntad se cumplió y Él fue glorificado. Mantengo una imagen propia acertada, olvido el pasado y me centro en el futuro con Cristo.

Siempre es útil recordar que Dios no nos ve como nos ve el hombre, así que no necesitamos evaluarnos por medio de los ojos de otras personas. Cuando el profeta Samuel buscaba a la persona que Dios quería ungir como rey de Israel después del rey Saúl, Dios le ordenó que no se fijara en el rostro ni en la estatura del hombre: «porque Jehová no mira lo que mira el hombre; pues el hombre mira lo que está delante de sus ojos, pero Jehová mira el corazón».²³ La imagen que tenemos de nosotros mismos no depende de nuestra apariencia externa. Por el contrario, es lo que hay en nuestro corazón. Y al mirarnos en un espejo, contemplamos la gloria del Señor y somos transformados en esa misma imagen por el Espíritu del Señor.²⁴

Contemple Su Imagen Propia y Ajústela, Si es Necesario, Para Tener Una Imagen Propia Adecuada

Al comenzar este tiempo de contemplación, le animo a que busque en Internet la canción grabada por Mark Schultz titulada *Father's Eyes* [Ojos del Padre].²⁵ Busque también la letra de la canción y léala mientras la escucha. La letra de la canción ilustra cómo la imagen propia es un problema tanto para niños como para niñas, hombres y mujeres. El primer verso trata de una chica de diecisiete años que cree que el espejo es su enemigo. Y el segundo verso trata de un hombre dispuesto a rendirse porque siente vergüenza por no haber logrado las cosas que creía que lograría y por no convertirse en el hombre que quería ser. Pero el coro responde a ambas preocupaciones. A los ojos de su Padre, son amados con entrega, están seguros y son aceptados. Su Padre está corriendo hacia ellos con los brazos abiertos y ¡no hay nada que ninguno de ellos pueda hacer para cambiar Su opinión! Lo mismo ocurre con usted.

- ¿Qué es lo que ve en el espejo? ¿Se siente satisfecho con ello, o dedica mucho tiempo y dinero para intentar mejorarlo?

_____
_____
_____
_____
_____
_____

- ¿Tiene una imagen positiva de sí mismo, una imagen negativa de sí mismo o una imagen acertada de sí mismo?

  _____
  _____
  _____
  _____

- ¿Qué criterios utiliza para evaluarse a sí mismo? ¿Esos estándares cambian constantemente, como las comparaciones con la apariencia, el rendimiento y las relaciones de otras personas, o son constantes porque se basan en quién es en Cristo?

  _____
  _____
  _____
  _____

- Si descubre que no tiene una imagen propia acertada, considere las escrituras compartidas en este capítulo y comience a orarlas en su favor y a aceptar quién es en Cristo.

  _____
  _____
  _____
  _____

- Dedique algún tiempo a pedirle a Dios que le muestre dónde se ve a sí mismo con una imagen propia equivocada y que le muestre claramente quién es usted en Él.

_____
_____
_____
_____
_____
_____

    Anote las respuestas anteriores para contemplarlas en oración. Permita que Dios le muestre cómo le ha criado mientras lee el siguiente capítulo sobre cómo formar parte de una familia.

11

Aceptación:

No Necesitamos Luchar para Ser Parte de la Familia

¡Hola Papá, soy yo!

¿Recuerdas cuando te visité y sacaste un libro empastado que representaba un árbol genealógico? El libro contenía una lista de las relaciones familiares de tu familia de muchas generaciones; no recuerdo cuántas. Sin embargo, recuerdo que contuve el aliento cuando me enseñaste el libro. Tenía miedo de respirar. Y tenía miedo de preguntar lo obvio: ¿Estoy incluida en este libro?

Pero sí respiré, y sí hice la pregunta. Como fui adoptada por mi primer padrastro cuando tenía alrededor de cinco años, supuse que no estaría incluida en el libro. Estaba segura de que nadie más, incluyendo a mi padre adoptivo, me incluiría en su árbol genealógico. Como no tenía una constante relación paternal con nadie más, necesitaba encontrar mi nombre en tu libro. Necesitaba saber que formaba parte de una familia.

Una vez que hice la pregunta, pasaste muy fácilmente a la página que contenía mi nombre de nacimiento. No sólo me emocionó que mi nombre estuviera escrito en tu libro, ¡sino que me emocionó aún más que encontraras mi nombre tan fácilmente en este libro de más de trescientas páginas! Por primera vez sentí que formaba parte de tu familia, no solo porque eres mi padre biológico, sino también porque querías que formara parte de tu familia, independientemente de la adopción. ¡Gracias, papá!

¿Has oído alguna vez a Randy decir que él y yo no tenemos un árbol genealógico, sino que tenemos un arbusto familiar? Siempre me reía de él cuando lo decía, pero es tan cierto. Tan solo contando los hermanos con los que estamos emparentados por sangre o por adopción, cada uno de nosotros tiene nueve hermanos. Si a esto le sumamos los hermanastros que entraron y salieron de nuestra vida, añadiríamos otros cuatro. Realmente es más como un arbusto que un árbol. Y, a pesar de ello, nunca me he sentido parte de ninguna familia, salvo los dos hermanos con los que me crié, entre los que se encontraban Randy y nuestra hermana menor de nuestro padre adoptivo.

Papá, sospecho que eras consciente de mi malestar. Sin embargo, nunca lo discutimos. No cabe duda de que fui tratada como una invitada cuando visitaba tu casa, desde mi primera visita, poco después de graduarme de la escuela secundaria, hasta mi última visita, cuando todos tus hijos eran adultos y tenían sus propios hijos.

Cuando tenía dieciséis años y pasaste por mi ciudad y me invitaste a conocerte en Denny's, podía entender que no quisieras presentarme a tus tres hijos. Pero creo que nunca entendí por qué no me presentaste a tu esposa, incluso después de que ella me viera esperándote fuera del restaurante y me llevara contigo. Así que, desde el principio de nuestra relación, me mantuviste separada de tu familia actual.

Luego me invitaste a visitarte después de graduarme de la escuela secundaria. Tus hijos con tu segunda esposa aún estaban en la escuela; sospecho que iban desde segundo bachillerato hasta aproximadamente quinto primaria. Actuaban como niños, pero no interactuábamos mucho. Me costó mucho hacerme un espacio en tu familia.

El hecho de que nunca me hayan aceptado como parte de tu familia no es algo de lo que tengas que sentirte culpable. Incluso James Dobson reconoce la dificultad de alcanzar una familia exitosa, que las familias nunca son perfectas y a menudo son problemáticas.[1] Había demasiadas personas involucradas y tan pocos recuerdos familiares hechos conmigo como para esperar que tu familia me recibiera como algo más que una invitada, o alguien a quien compadecer como mencioné en una carta anterior. Pero no es necesario sentirse culpable.

Cuando Dios me crió, me acogió en su inmensa familia. En Su familia sana y amorosa tengo hermanos, hermanas y ancianos que me guían como lo harían los abuelos, los padres, las tías y los tíos, como lo haría una familia sana y natural. Reímos juntos. Lloramos juntos. Crecemos juntos. Y a veces, tenemos que despedirnos cuando nuestras vidas nos llevan por caminos diferentes. Pero, sobre todo, nos queremos y nos apoyamos mutuamente, aunque a veces tengamos «rivalidades entre hermanos», como cualquier familia natural.

Papá, no tienes que sentirte culpable. Dios me recibió en una enorme y amorosa familia. No tuve que luchar para hacerme un lugar. En su familia, encontré todo el amor, la aceptación y la orientación que necesitaba.

De mí, ¡la que siempre quiso ser «tu pequeña»!

La Formación de una Familia

Familia. ¿Qué es?

Según la Oficina del Censo de Estados Unidos: «Una familia es un grupo de dos o más personas (una de las cuales es el cabeza de familia) relacionadas por nacimiento, matrimonio o adopción y que residen juntas».[2] Evidentemente, según esta definición, no debería haber sido aceptada en la segunda familia de papá porque no residía con ellos. Sin embargo, estaba relacionada con papá y sus hijos por nacimiento.

Hay muchas otras definiciones de «familia» en la legislación estadounidense. Las definiciones varían en función del contexto en el que se utiliza el término, como por ejemplo: «a efectos de determinar los derechos de asistencia social, las prestaciones de vivienda, las prestaciones de seguro, la cobertura de atención médica, etc.».[3] Pero la mayoría de las personas no definen a las familias según estas definiciones objetivas, sino que desarrollan su propia definición subjetiva basada en las relaciones.[4]

En las definiciones subjetivas de la familia, la biología o el estatus legal no son la determinación definitiva de quién está incluido en la familia de alguien. En cambio, cuando se les pregunta quiénes son los miembros de su familia, las personas probablemente incluirán a aquellos con los que tienen una comunicación fluida, están emocionalmente cerca, hacen cosas por los demás y están dispuestos a ayudar en momentos de necesidad.[5] La única similitud básica entre las familias es un estrecho vínculo de amor y preocupación por los demás.[6]

Por ejemplo, una madrastra, especialmente una madrastra que vive en casa, puede incluir a sus hijastros en su definición de familia porque los cuida, los mantiene y les pone reglas cuando están en su casa. No obstante, con frecuencia los hijastros no incluyen a su madrastra como miembro de su familia porque no tienen una relación cercana con ella. Puede que coman la comida y lleven la ropa que ella les da y cumplan las normas de su hogar, pero esas cosas no establecen la relación estrecha y emocional que ellos consideran como necesaria para formar parte de la familia. Es probable que acudan a su padre para tener una comunicación cercana, apoyo emocional y otro tipo de ayuda cuando lo necesiten.

En mi situación, no conocí oficialmente a la segunda esposa de mi papá (que en realidad no era mi madrastra porque no era legalmente hija de mi papá) hasta los dieciocho años. Nunca compartimos más que una simple comunicación superficial, nunca estuvimos emocionalmente cerca y a ninguna de las dos se le ocurriría acudir a la otra en momentos de necesidad. Si nos preguntaran quiénes son nuestros familiares, ninguna de las dos reconocería a la otra. Mas, dependiendo del contexto de la pregunta, si me preguntaran quiénes son mis hermanos, incluiría a los hijos de papá en su segunda familia, explicando al mismo tiempo que son medio hermanos aunque yo no esté legalmente emparentada con ellos. Sospecho, pero no estoy segura, de que los hijos de papá también me identificarían de la misma manera.

Dana Costache, mediadora familiar y de divorcios, afirma que la unión, tanto espacial como temporal, es la clave de lo que hace una familia.[7] Explica que los lazos familiares indestructibles se crean cuando los niños están junto a sus padres durante la mayor parte de las dos primeras décadas de su vida y la unión los moldea en lo que son como individuos.[8] Por eso, los hijos ya adultos no suelen perder la conexión «familiar» cuando emprenden su propia vida adulta e independiente. Mientras escribo esto en 2021, muchas familias que tienen hijos adultos están distanciadas debido a diferencias sociales y políticas y a acusaciones de una crianza emocionalmente abusiva. A pesar de esto, si se les pregunta quiénes son sus familiares, es probable que la mayoría de estos hijos adultos sigan incluyendo a sus padres distanciados como miembros de su familia, y viceversa. Así de fuertes son los lazos familiares cuando se establecen por la unión durante los años de crecimiento, incluso si los hijos ya adultos sienten que la separación es la única manera de manejar el dolor de su pasado.

Es difícil que un niño, incluso un adulto, forme parte de una familia cuando él y la nueva familia no tienen historias y recuerdos familiares en común, que se crean a través de la convivencia. La lucha se agrava aún más si tienen «sistemas de creencias muy diferentes que pueden incluir un origen étnico o educativo diferente, o una religión».[9] Sin embargo, con el tiempo para desarrollar sus propias tradiciones y recuerdos, la mayoría de las familias reconstituidas pueden desarrollar relaciones emocionalmente ricas y duraderas.[10] Lamentablemente, como en mi situación, cuando el padre ausente y su segunda familia no residen cerca de su primera familia, no hay convivencia y poco tiempo, si es que hay alguno, para desarrollar esas tradiciones, recuerdos y relaciones, lo cual deja un vacío duradero en la vida del niño, junto con los otros retos sociales que se comentaron en un capítulo previo.

Aceptada en la Familia de Dios

¿Alguna vez ha celebrado con una familia la adopción de un niño? Oh, ¡qué alegría! No solo para los padres, sino también para el niño, el juez, el abogado y todos los que tienen el privilegio de estar en la sala del tribunal. Es hermoso y alegre cuando los niños pasan a formar parte de familias cariñosas que los han buscado durante algún tiempo.

Tengo unos amigos muy queridos que acogieron en su hogar a un niño cuando salió del hospital al nacer. Tenía tres años cuando lo adoptaron. Pero en esos tres años mis amigos querían a este niño como si fuera suyo y lucharon con todas sus fuerzas para quedarse con él después de que los tribunales lo reunieran con sus padres biológicos. La reunión no tardó en fracasar y el niño fue hospitalizado debido a las lesiones que sufrió mientras estaba al cuidado de su familia biológica. Afortunadamente, la agencia de servicios infantiles llamó a mis amigos y les preguntó si querían acogerlo de nuevo. Por supuesto que lo harían. Y condujeron fuera del estado para reunirse con él y cuidarlo en el hospital hasta que le dieron de alta.

Que gran día de celebración fue cuando todos nos reunimos en el juzgado y el juez declaró que el niño era su hijo. La sala estalló en aplausos y lágrimas de felicidad porque todos conocíamos el dolor y el sufrimiento que el niño había padecido al seguir formando parte de su familia biológica. ¡Se acabó el dolor y el sufrimiento! Era y es su hijo, amado, cuidado y apreciado.

La adopción terrenal ni siquiera se compara con el gozo que se siente cuando una persona es adoptada en la familia de Dios. Cuando entramos en la familia de Dios por la fe en Jesucristo, nuestro Señor y Salvador, una «grande nube de testigos»[11] estalla en júbilo. En ese momento, recibimos un espíritu de adopción cuando el Espíritu Santo da testimonio de que somos hijos de Dios, y gritamos con alegría: «Abba, Padre».[12] Al igual que mi amigo adoptado, el dolor y el sufrimiento causados por la esclavitud al mundo (nuestra familia biológica) han terminado. Ahora formamos parte de la casa de Dios.[13] Somos los hijos de nuestro Padre celestial, amados, cuidados y apreciados.

La Función de la Familia de Dios

Sé que no todos los hogares con un solo padre son disfuncionales. Sin embargo, muchos de los que nos hemos criado con padres ausentes física o emocionalmente anhelamos formar parte de una familia sana y funcional. Y eso es lo que Dios nos ofrece cuando nos unimos a su familia. Él nos sitúa en una familia de la iglesia.[14] Dios nos da hermanos y hermanas cristianos para que caminen por la vida con nosotros. Y como un buen Padre, nos enseña a ser buenos unos con otros.[15] Y nos enseña a alegrarnos mutuamente cuando uno de nosotros es honrado.[16] Cuando uno de nuestros hermanos o hermanas sufre, sufrimos todos juntos.[17] Así es una familia sana y funcional, y nosotros formamos parte de ella.

A continuación, Brooke Krebill describe su hogar de la infancia saludable y funcional en su libro, *Uncaged: Break Free by Changing Your Inner Story* [Desencadenado: Libérese Cambiando Su Historia Interior].

No tengo una historia terrible de mi infancia; soy una de cuatro hijos. Teníamos las habituales peleas entre hermanos y a los dos minutos éramos los mejores amigos. Con dos niños y dos niñas, y con el mayor y el menor separados por sólo seis años, sabíamos cómo pelear y cómo llevarnos bien desde que nacimos. [...] Aunque mis hermanos fueron mis primeros amigos, también nos sacábamos de quicio con facilidad.

Mis padres eran amorosos. Tengo recuerdos de risas y peleas. Tengo recuerdos de cenas familiares. Mi educación fue buena. [...] He sido realmente bendecida.[18]

La familia en la que Dios nos coloca es muy parecida a como la Sra. Krebill describe a su familia. Nos amamos unos a otros. Muchos de nosotros compartimos comidas. Y a veces encontramos rivalidad entre hermanos con nuestros hermanos y hermanas cristianos. Por ejemplo, el apóstol Pablo y Bernabé eran hermanos cristianos que viajaban juntos evangelizando. Durante su primer viaje misionero, llevaron con ellos a Juan Marcos, primo de Bernabé. Pero Juan Marcos no completó su compromiso con el viaje y regresó a Jerusalén antes de tiempo.[19] Más tarde, cuando Pablo y Bernabé planearon su segundo viaje misionero, Bernabé insistió en llevar a Juan Marcos con ellos.[20] Pablo no estaba de acuerdo, y los dos hermanos lucharon tan fuertemente que se separaron.[21] ¡Esto es rivalidad entre hermanos a un alto nivel!

Como buen Padre, Dios nos enseña cómo manejar las discusiones entre nuestros hermanos y hermanas cristianos de una manera amorosa y saludable. Hemos de ser misericordiosos, amables, humildes, mansos, pacientes e indulgentes.[22] La Biblia indica que, tras la separación de Pablo y Bernabé, Pablo y Juan Marcos se reunieron finalmente.[23] La Biblia no es tan clara sobre la relación entre Pablo y Bernabé. Aunque, algún tiempo después de que se separaron, Pablo parece mencionar a Bernabé como uno de sus iguales.[24] Por lo tanto, es razonable suponer que Pablo, Bernabé y Marcos emplearon esta manera de resolver los desacuerdos entre hermanos.

Dios incluso nos da ancianos para que nos guíen como lo harían los abuelos, padres, tíos y tías en una familia sana y natural. Nos enseña a respetar a nuestros mayores, no a reprenderlos sino a animarlos como lo haríamos con nuestros padres y madres.[25] Y los mayores deben enseñar a las generaciones más jóvenes cómo vivir y comportarse.[26] En la familia de Dios, nuestro Padre nos proporciona todo lo que necesitamos para vivir en el amor, funcionando como la familia sana que hemos anhelado, reuniéndonos y animándonos los unos a los otros.[27]

Somos aceptados en la familia de Dios. No necesitamos luchar para formar parte de ella. Nuestro Padre nos ama, nos proporciona todo lo que necesitamos y nos enseña a funcionar como una familia amorosa y sana.

Contemple Su Lugar en Su Familia Natural y en la Familia de Dios

Algunas de las preguntas que aparecen a continuación suponen que usted es cristiano y ha sido adoptado en la familia de Dios. Si no es así, le invito a que pase un tiempo en oración, reconociendo ante Dios sus pecados y su necesidad de un salvador. Entonces busque un pastor y una iglesia en la que puedan guiarle hacia una relación con Jesucristo y adopción en la familia de Dios.

- ¿Cómo define a su familia? ¿Quién está incluido en ella?
  _____
  _____
  _____
  _____
  _____

- ¿Le ha costado formar parte de una familia? ¿Qué es lo que le ha ayudado a formar parte, o qué le impide formar parte de una familia?

  _____
  _____
  _____
  _____
  _____

- ¿Cuál es su idea de una familia sana y funcional?

  _____
  _____
  _____
  _____
  _____

- ¿Cómo ha sido la familia de Dios esa familia sana y funcional para usted? ¿Quiénes son sus hermanos, hermanas, ancianos cercanos quienes celebran con usted, le animan y le han ayudado a señalar el camino a través de esta vida cristiana?

  _____
  _____
  _____
  _____
  _____

- Dedique un tiempo para agradecerle a Dios por haberlo adoptado en su familia y por su amor, aceptación y por apreciarlo como su hijo.

  _____
  _____
  _____

_____
_____
_____

Anote las respuestas anteriores para contemplarlas en oración. Permita que Dios le muestre cómo lo ha criado mientras lee el siguiente capítulo sobre cómo recibir su nombre.

12

Identidad:

Él Le Da Un Nombre

¡Hola Papá, soy yo!

En mi última carta compartí lo importante que era para mí que mi nombre apareciera en tu libro que contiene el árbol genealógico. Me alegré mucho de verlo allí, aunque era un nombre que ya no representaba mi identidad. Eso me hizo comenzar a pensar en lo importante que es un nombre y en el tiempo que mantenemos los nombres que nos dan.

Cuando nací, me diste tu apellido. Me identificaba como tu hija. Y conservé ese nombre hasta que fui adoptada por mi padre adoptivo. Me quitaron tu nombre cuando firmaste los papeles de la adopción, y ya no era legalmente tu hija.

Me cambiaron el nombre, mi partida de nacimiento y mi identidad. Ahora era la hija de alguien más. Me parece increíble que, aunque tenía alrededor de cinco años cuando esto sucedió, no recuerdo ninguno de estos acontecimientos. No recuerdo haber tenido tu nombre. No recuerdo que me dijeran que me iban a cambiar el nombre. No recuerdo haberme sentado en un juzgado con un juez anunciando la adopción. No debe haber existido ninguna clase de festejo como en otras adopciones de las que he sido testigo.

A los dieciocho años, mi nombre volvió a cambiar. Después de pronunciar algunos votos, me convertí en la esposa de alguien. Mantuve ese nombre solamente durante unos pocos años. Luego me convertí en la esposa de alguien más. Y me complace decir que me he identificado como su esposa durante más de cuarenta años, y no espero que mi nombre e identidad vuelvan a cambiar.

Pero, papá, llevo otra identidad que durará aún más que ser la esposa de Mike. Este nombre e identidad no aparecen en ningún documento legal, aunque me identifica como hija de Dios. Y seré hija de Dios por toda la eternidad. Ese nombre es Jesús.

Cuando fui bautizada conforme a Mateo 28:19 y Hechos 2:38, tomé el nombre de Jesús cuando su nombre fue pronunciado sobre mí. Mi inmersión en agua simbolizaba la muerte de mi vieja vida y la sepultura con Jesucristo. Y cuando emergí del agua, fui resucitada a una nueva vida en Cristo y nací en la familia de Dios. Soy y siempre seré hija de Dios. Ahora llevo el nombre de Jesús como parte de mi identidad.

Papá, no tienes que sentirte culpable por haber firmado los papeles de adopción y haberme quitado tu apellido. Los nombres en la tierra son algo tan efímero. Muchas personas nacen con un nombre y luego reciben o eligen otros nombres. Pero Dios, quien me ha criado tan maravillosamente, me ha dado su nombre para toda la eternidad.

De mí, ¡la que siempre quiso ser «tu pequeña»!

Julie McGhghy

El Único Nombre Permanente

El Dr. Myles Munroe escribió *El Principio de la Paternidad: El Diseño y el Destino de Dios para Cada Hombre* para ayudar a los hombres a entender cómo Dios los ha diseñado. En el libro explica un sencillo principio de paternidad: «Usted proporciona la identidad».[1] Papá me proporcionó esa identidad cuando nací con su apellido. Pero solo llevé ese nombre durante aproximadamente cinco años. Después, mi nombre cambió por adopción y me convertí en la hija de alguien más.

Tradicionalmente, en Estados Unidos cuando una mujer se casa, adopta el apellido de su esposo, sustituyendo el apellido que se le dio al nacer. Según esta tradición, los hombres suelen conservar su apellido. Pero esa tradición ha cambiado gradualmente a lo largo de los años. Ahora un hombre puede adoptar el nombre de su esposa. O ambos pueden unir sus dos apellidos con un guion.

En la actualidad, las personas pueden cambiar su nombre a voluntad simplemente presentando un documento de cambio de nombre en el organismo del estado correspondiente, acompañado de documentación de apoyo, como un certificado de adopción, una licencia de matrimonio o una sentencia de divorcio. Las personas que quieren cambiar su nombre por cualquier otro motivo tendrán que solicitarlo a un tribunal. ¿Por qué? Porque su nombre es una parte importante de su identidad.

Como le expliqué a papá, primero fui identificada como hija de papá, luego como hija de mi padre adoptivo y después como esposa de alguien. Compartir el apellido de mi esposo durante más de cuarenta años es muy valioso para mí y supera todo lo que jamás soñé que fuera posible, basándome en la tendencia al divorcio existente durante generaciones en mi familia. Pero el nombre que más aprecio y al que agradezco que me acompañe por toda la eternidad es el de Jesús. Recibí su nombre cuando fui bautizada.

El nombre de Jesús nunca cambiará. Él mismo declaró ser el «Alfa y Omega, el principio y el fin, el primero y el ultimo».[2] Él es el mismo ayer, hoy y siempre.³ Todos los que hayan sido bautizados en el nombre de Jesús llevarán ese nombre por toda la eternidad y serán identificados como hijos de Dios.

La Importancia de un Nombre

Hace algunos años, era una persona que ofrecía privacidad para una compañía de seguros de propiedad y accidentes. En ese momento, según las leyes estatales relativas a la privacidad y la seguridad de los datos de las personas, para que se considere una violación de la seguridad es necesario que una persona no autorizada acceda al nombre de la persona junto con algún otro dato sobre ella, como el número de seguro social, el número de la tarjeta de crédito y el PIN o el número de la licencia para conducir. La razón por la que el nombre es necesario para que se considere una violación de la seguridad de los datos es que el robo de identidad no puede perpetrarse sin el nombre de la persona. Un nombre identifica a una persona. Es una parte importante de la identidad de cada persona.

Quizá recuerda la letra de la popular canción de música country *Last Name* [Apellido], escrita e interpretada por Carrie Underwood en 2008.⁴ La canción trata sobre una mujer que bebió demasiado, conoció a un hombre en un bar y se fugó con él a Las Vegas. A la mañana siguiente se despertó y descubrió que ni siquiera sabía su apellido, y reconoció que su mamá estaría muy avergonzada. Alan Jackson cantó sobre un tema similar en I Don't Even Know Your Name [Ni Siquiera Sé Tu Nombre].⁵ Pero la música country no solo incluye canciones sobre la vergüenza que puede suponer el menosprecio o la desidia de un nombre, un nombre que forma parte de la identidad de una persona. También incluye canciones sobre el honor del nombre de una persona, como My Last Name [Mi Apellido] de Dierks Bentley.

«El narrador describe los orígenes y las experiencias de su apellido, como cuando golpeó a un bravucón que se burlaba de su nombre y cuando su abuelo "lo llevó a Europa para luchar contra los alemanes en la guerra". En el último verso, el narrador dice que quiere casarse con su enamorada, para darle su apellido porque no tiene mucho».[6]

Estas tres canciones destacan la importancia de conocer y respetar el nombre de uno. Esto es importante porque el nombre de cada uno es una gran parte de su identidad. Lo mismo ocurre con el nombre en el que somos bautizados. Debemos respetar el nombre como Dierks Bentley y tener cuidado de no maltratar, descuidar y faltarle el respeto como Carrie Underwood y Alan Jackson.

De principio a fin en el Antiguo Testamento, Dios se reveló poco a poco a su pueblo. Cuando Moisés preguntó a Dios qué debía decir a los hijos de Israel cuando le preguntaran por el nombre del Dios de sus padres, Dios le dijo a Moisés que dijera: «YO SOY EL QUE SOY».[7] En aquella época, a los hijos de Dios les bastaba con saber que Él existía. Pero a medida que su relación con sus hijos se desarrolló, Dios reveló más y más sobre su nombre y su carácter. Anteriormente, se había mostrado a Abraham como Jehová-Jireh, «el Señor proveerá».[8] Siguió mostrándose a Moisés como Jehová-Rapha, «el Señor nuestro sanador»,[9] Jehová-Nissi, «el Señor nuestro estandarte»,[10] y Jehová-Maccaddeshem, «el Señor tu santificador».[11]

Dios no dejó de revelarse a Sí mismo y su nombre cuando Moisés murió. Se mostró a Gedeón como Jehová-Shalom, «el Señor es la paz»,[12] y al rey David como Jehová-Rohi, «el Señor mi pastor».[13] También siguió revelándose a Sí mismo y su nombre a los profetas. A Isaías, se reveló como Jehová-Sabboath, «el Señor de los Ejércitos».[14] A Jeremías, Él se reveló como Jehová-Tsidkenu, «el Señor nuestra justicia»[15] y Jehová-Gmolah, «el Dios de la recompensa».[16] Y a Ezequiel, Dios se reveló como Jehová-Shammah, «el Señor que está presente».[17]

Claramente, era importante para Dios que conociéramos su carácter y su nombre. Se reveló poco a poco a lo largo del Antiguo Testamento según la relación que establecía con su pueblo. ¡Pero Él no se detuvo allí! Dios reveló su nombre, final y completamente, cuando vino a la tierra, vestido en carne y fue llamado Jesús, «el Señor salvará».[18]

El nombre de Jesús está por encima de todo nombre.[19] En el nombre de Jesús toda rodilla se doblará y toda lengua confesará que Él es el Señor.[20] No hay salvación en ningún otro, «porque no hay otro nombre bajo el cielo, dado a los hombres, por el que podamos ser salvos».[21]

El nombre era tan importante que Jesús encomendó a sus discípulos que bautizaran a las personas de todas las naciones en su nombre, el cual es el «nombre del Padre, del Hijo y del Espíritu Santo».[22] El día de Pentecostés, cuando la multitud preguntó qué debían hacer, Pedro les instruyó, en parte, a «bautícese [...] en el nombre de Jesucristo para perdón de los pecados».[23] Las instrucciones de Pedro eran consecuentes con las indicaciones de Jesús que aparecen en Mateo 28:19 y en Lucas 24:46-47.[24] Pedro predicó el arrepentimiento y la remisión de los pecados en el nombre de Jesús. Cada bautismo para la remisión de los pecados en el libro de los Hechos fue hecho en el nombre de Jesús, el Señor.[25] Y cuando fuimos bautizados, ¡tomamos el nombre de Jesús y una nueva identidad!

Es importante para Dios que conozcamos su nombre tal y como lo reveló desde el principio de la historia, culminando en el nombre utilizado cuando se revistió de carne y caminó sobre esta tierra: el nombre de Jesús.[26] Que privilegio es ser bautizado en el nombre de Jesús para mostrar el debido respeto al nombre e identificarse con Él al revestirse de Cristo mediante el bautismo.[27] Ser bautizado en el nombre de Jesús muestra el debido respeto y honor a Dios, como Dierks Bentley demostró en su canción por el apellido que llevaba en la tierra.

Contemple los Nombres que Ha Tenido y la Importancia de Tener el Nombre de Jesús

Espero que no solo comprenda la importancia de su nombre y cómo impacta su identidad, sino también que aprecie esa importancia.

- ¿Qué apellidos ha tenido a lo largo de su vida y cómo han cambiado esos nombres su identidad?

  _____
  _____
  _____
  _____
  _____

- ¿Qué significa para usted que una vez haya tomado el nombre de Jesús, podrá conservar ese nombre por toda la eternidad?

  _____
  _____
  _____
  _____
  _____

- Dedique un tiempo para agradecerle a Dios por haberle identificado como parte de su familia cuando usted fue bautizado.

  _____
  _____
  _____
  _____
  _____

Anote las respuestas anteriores para contemplarlas en oración. Si no ha adoptado el nombre de Jesús mediante el bautismo, ore para dar ese paso. Permita que Dios le muestre su verdadera identidad mientras lee el siguiente capítulo sobre el amor transformador de Dios.

13

El Amor Transformador de Dios:

Convirtiendo Remordimientos en Acción de Gracias

¡Hola Papá, soy yo!

Bueno, creo que ha llegado el momento de reconocer mis remordimientos. Cuando empecé a escribirte, te dije que lo hacía con la intención de cambiar las cosas. Mi deseo era compartir mi corazón, y que tal vez pudiéramos conocernos mejor. Pero ahora debo admitir que no es posible llegar a conocerte mejor. Papá, cuando falleciste eso me conmovió hasta lo más profundo. Cuando tu nuera me llamó para decirme que habías tenido un ataque al corazón y habías fallecido, no podía respirar. No es una reacción inusual cuando alguien pierde a una persona que es realmente cercana a ellos. Pero nosotros no éramos tan cercanos. ¿Por qué estaba tan conmocionada? Tu muerte no cambiaría nada en mi vida diaria.

Después de mucho llorar, orar y contemplar, me di cuenta de que tu muerte era el fin de mi esperanza de ser «tu pequeña». No solo te lloraba a ti; también lloraba esa esperanza. Nunca sería «tu pequeña».

Fue en tu funeral cuando supe que te sentías culpable. Como dije en una carta anterior, me sorprendió mucho. Nunca me había planteado que te sintieras culpable. Nunca experimenté ningún tipo de amargura por el hecho que no formaras parte activa de mi vida durante tantos años.

Entonces, ¿de qué me arrepiento? De no haberte conocido lo suficiente como para saber que te sentías culpable. Lamento no haberme esforzado más en conocerte mejor mientras estabas vivo. Lamento que no hayamos desarrollado una relación cercana entre padre e hija. Y lamento no haber compartido contigo todo lo que he compartido en estas cartas.

Pero, papá, no quiero terminar esto con remordimientos. Ya no puedo hacer nada con respecto a esas cosas. Más importante que mis remordimientos son las razones por las que estoy agradecida.

¿Por qué estoy agradecida? Estoy agradecida por ser tu hija, sin importar lo que diga cualquier documento legal. Agradezco haber heredado de ti ciertas características, tanto físicas como no físicas, independientemente de mis grandes pies. Estoy agradecida de haber podido conocer a tu segunda familia y de haber podido conocer a algunos de ellos. Y agradezco haber tenido esta oportunidad de escribir sobre las cosas que te habría dicho de haber sabido que te sentías culpable. Estoy agradecida por cada momento que pasamos juntos y por cada palabra que nos dijimos. Y estoy agradecida por el último intercambio de correos electrónicos que tuvimos, solo unos meses antes de que fallecieras tan repentinamente. Atesoro ese correo electrónico. Es el único registro que tengo de nosotros diciéndole al otro «Te amo». Estoy muy agradecida de haber podido decir eso antes de que murieras.

Pero sobre todo, papá, estoy agradecida por no haber sido ni ser una huérfana de padre. Soy criada por el mejor Padre de todos. Él provee todo lo que un buen padre proveería. Hace todo lo que un buen padre haría. Y supera lo que cualquier padre terrenal puede proveer o hacer.

De mí, la que nunca será «tu pequeña», pero siempre será una hija de Dios.

Los Efectos de las Emociones Latentes

Para los que hemos vivido con un padre ausente física o emocionalmente, es probable que todo tipo de emociones sigan agitándose en nuestro interior. Para mí, cuando pienso en papá, siento remordimiento. El remordimiento se produce cuando las personas creen que podrían haber tenido un mejor resultado si hubieran actuado de forma diferente en el pasado.[1] A menudo, hace que las personas que experimentan remordimiento se culpen a sí mismas, incluso si el comportamiento alternativo era improbable o imposible.[2] Y como las personas que sienten remordimiento, con frecuencia, también sienten vergüenza, tristeza o arrepentimiento, y el remordimiento puede impedir su felicidad.[3] Pero no tenemos que vivir bajo la sombra del remordimiento.

Jesús no quiere que vivamos con desasosiegos. Así como lo hizo con el apóstol Pedro, Él nos ayudará a restaurar la vida gozosa que quiere que tengamos si nos acercamos a Él. Tal vez recuerda que cuando Jesús fue arrestado en el Jardín de Getsemaní, Pedro lo siguió desde la distancia.[4] Y como Pedro tenía miedo, negó a Cristo tres veces, tal como Jesús había dicho que lo haría.[5] Al recordar las palabras de Jesús, Pedro se arrepintió inmediatamente de lo que había hecho y lloró amargamente.[6]

Después de la resurrección, Jesús se apareció a sus discípulos en la orilla del mar de Tiberíades.[7] Después de compartir la cena juntos, Jesús se dirigió a Pedro y le preguntó tres veces: «¿Me amas?».[8] Cada vez que Pedro respondió, Jesús le hizo saber que todavía tenía un propósito para él. Jesús instruyó a Pedro para que alimentara a sus ovejas.[9]

Si usted descubre que siente remordimiento por cosas que dijo o hizo, o que no dijo o no hizo, a causa de su padre ausente, Jesús quiere restaurar su alegría y darle un propósito, tal como lo hizo con Pedro. Solamente vuelva a Él y pídale que le devuelva su gozo.[10]

También puede sentir ira hacia el padre ausente o hacia otras personas que perpetraron cosas impensables en su contra en parte porque su padre no estaba allí para protegerle. Si ese es el caso, recuerde la actitud de José cuando se reunió con sus hermanos.

Los hermanos de José lo habían vendido como esclavo cuando era joven.[11] Muchos años más tarde, después de que José fuera acusado falsamente de haber tenido una conducta sexual inapropiada contra la mujer de Potifar y fuera encarcelado,[12] y luego ascendido de nuevo para ser un gobernante bajo el Faraón,[13] los hermanos de José visitaron Egipto para comprar alimentos a causa de la hambruna.[14] Está claro que ver a sus hermanos de nuevo fue muy emotivo para José, y se esforzó por controlar sus sentimientos.[15]

José tenía todo el poder de Egipto para tratar a sus hermanos como quisiera. Podría haber buscado venganza golpeándolos, torturándolos o matándolos. Pero, en cambio, José les mostró su gracia. Después de que su padre murió y los hermanos de José tuvieron miedo de lo que él pudiera hacerles, José respondió: «No temáis; ¿acaso estoy yo en lugar de Dios? Vosotros pensasteis mal contra mí, mas Dios lo encaminó a bien, para hacer lo que vemos hoy, para mantener en vida a mucho pueblo. Ahora, pues, no tengáis miedo; yo os sustentaré a vosotros y a vuestros hijos. Así los consoló, y les habló al corazón».[16]

Hay muchas otras emociones que puede sentir: amargura, miedo y muchas más. Extender la gracia hacia los que le perjudican, como José la extendió a sus hermanos, le libera para disfrutar de una abundante vida de paz. Una actitud tan bondadosa es imposible de alcanzar por nosotros mismos. Y aún así, Dios le ayudará. Reclamando la promesa «todas las cosas les ayudan a bien, esto es, a los que conforme a su propósito son llamados»,[17] le ayudará a avanzar en gracia.

También es útil recordar que el apóstol Pablo enseñó a la iglesia de Éfeso a alejar de ellos toda amargura, ira y enojo.[18] Pero cuando se ha vivido una vida con un padre ausente, eso no siempre es fácil de hacer. No se puede hacer sin la ayuda de Dios.

Dios quiere aliviarle de todas estas emociones destructivas. La clave es acudir a Él. Pídale que le escudriñe, que conozca su corazón y sus pensamientos y que aleje de usted los sentimientos contrarios a lo que Él quiere para usted y le guíe por los caminos de la justicia.[19]

Una vez que haya buscado la ayuda de Dios con estas emociones persistentes resultantes de su pasado, entonces la clave de la paz es la oración y la acción de gracias: «Por nada estéis afanosos, sino sean conocidas vuestras peticiones delante de Dios en toda oración y ruego, con acción de gracias. Y la paz de Dios, que sobrepasa todo entendimiento, guardará vuestros corazones y vuestros pensamientos en Cristo Jesús».[20] Entonces podrá decir como el apóstol Pablo, «Hermanos, yo mismo no pretendo haberlo ya alcanzado; pero una cosa hago: olvidando ciertamente lo que queda atrás, y extendiéndome a lo que está delante».[21]

Contemple Sus Emociones Continuas y Permita Que Jesús le Devuelva la Alegría

Que liberador es dejar ir el pasado y las emociones persistentes que resultan de él. Recuerde el viejo himno.

> Vuelve tus ojos hacia Jesús
> Mira enteramente en su maravilloso rostro
> Y las cosas terrenales extrañamente se tornarán oscuras
> En la luz de su gloria y gracia.[22]

- Dedique tiempo para concentrarse en estas letras.
- Identifique las emociones persistentes que aún carga.

_____

_____

_____

_____

_____

- Pídale a Dios que lo escudriñe, que conozca su corazón y sus pensamientos y que lo aleje de cualquier sentimiento que sea contrario a lo que Él quiere para usted.

  _____
  _____
  _____
  _____
  _____

- Enumere las cosas por las que está agradecido, incluso en lo que se refiere a su padre ausente.

  _____
  _____
  _____
  _____
  _____

Anote las respuestas anteriores para contemplarlas en oración. Permita que Dios le devuelva el gozo.

«Y el Dios de esperanza os llene de todo gozo y paz en el creer, para que abundéis en esperanza por el poder del Espíritu Santo».[23]

Agradecimientos

Cuando empecé a explorar en oración lo que supondría escribir un libro, oí hablar mucho del solitario proceso y de cómo los escritores se encierran en sus habitaciones durante horas mientras se enfrentan a la tarea en soledad. Aunque es cierto que pasé muchas horas sola en mi escritorio en Costa Rica durante la pandemia de la COVID-19, afrontando las experiencias de mi pasado, alineándolas con la Palabra de Dios, y poniéndolo todo por escrito: descubrí que el proceso real era mucho más un esfuerzo en equipo que uno solitario. Y ahora, mi corazón desea agradecer a todos los que contribuyeron al proceso y me animaron a lo largo del camino. Pero hacerlo es una tarea imposible porque son muchas personas. Por lo tanto, limitaré mis agradecimientos a los que participaron activamente conmigo.

Tuve un grupo de amigos que leyeron todo o parte del manuscrito y aportaron valiosas críticas: Diane Beall, Samantha Campbell, Randa Chance, Reverenda Kristen Ellis, Mickey Gardiner, Sharon Mullen y Seidy Wong. Muchas gracias, señoras, por su tiempo, sus sugerencias y sus ánimos. Sin ellos no habría llegado al final.

Chad Allen es un entrenador de escritura increíble y reúne a un maravilloso grupo de escritores en la comunidad del BookCamp, quienes se alientan mutuamente y se retroalimentan a lo largo del proceso de escritura. Muchas gracias a todos. ¡La Comunidad de *Self-Publishing School Mastermind* no tiene comparación! Compartir los éxitos, los retos y las recomendaciones entre colegas no tiene precio. Este libro no habría podido ser completado y encontrar su lugar en el mundo sin todos ustedes. Gracias.

¡*The Calvary Church* [La Iglesia del Calvario] en Cincinnati, Ohio! Oh, cuánto han contribuido a este libro, y muchos de ustedes ni siquiera se dieron cuenta. Antes de ser escritora, fui profesora. Y todos ustedes fueron tan cariñosos y alentadores mientras desarrollaba mis habilidades de enseñanza. Es por los años que enseñé y que ustedes escucharon y me alentaron que pude aprender tanto sobre Dios y cómo unir muchos conceptos bíblicos para ver una imagen precisa de quién es Él. Gracias a los fabulosos líderes de la iglesia, incluido el gran obispo Norman R. Paslay II, que pasó a su eterna recompensa el 24 de marzo de 2018, quienes creyeron en mí y me dieron la oportunidad de crecer como maestra y ministra. Y aprecio enormemente el amor, la aceptación y el aliento de la congregación.

Mis hijos y mi esposo también merecen un gran agradecimiento. Sin ellos no habría podido llenar las páginas con tantos grandes ejemplos de las lecciones que Dios me ha enseñado. Gracias por permitirme compartir una pequeña parte de sus historias con el mundo.

Sería un descuido si no diera las gracias al «arbusto genealógico». Aunque los papeles que todos ustedes han jugado en mi vida varían en cantidad y calidad, no hay duda de que su participación en el «arbusto» impactó mi vida y la forma en que veo a Dios. Gracias.

Sobre todo, precioso Jesús, gracias por amarme, por atraerme, por guiarme, por protegerme, por hablarme, por poner este proyecto delante de mí, y por haberte sentado conmigo en la solitaria habitación mientras investigaba y escribía este libro sobre Ti. Aunque la historia esté basada en mis experiencias, el libro se centra en ti, Señor. Tú eres el mejor Padre que cualquiera puede tener y una relación paternal contigo está al alcance de todos. Gracias.

¿Le ha resultado útil este libro? Tal vez le haya encantado el libro y crea que a otras personas también les será útil.

De ser así, no olvide dejar una reseña.

Cada crítica es importante. ¡**E importa mucho**!

Diríjase a Amazon o dondequiera que haya comprado este libro para dejar una reseña honesta para mí.

Aprecio mucho su tiempo para leer el libro y sus opiniones en cuanto a la publicación de una reseña.

Julie McGhghy

Notas

1 Poniéndose en Contacto: Presentando a Mi Padre Celestial

1. Susan Krauss Whitbourne, *The Definitive Guide to Guilt: Five Types of Guilt and How You Can Cope with Each* [La Guía Definitiva de la Culpa: Cinco Tipos de Culpabilidad y Cómo Puede Enfrentarse a Cada Uno], *Psychology Today*, recuperado el 13 de mayo de 2021, https://www.psy- chologytoday.com/us/blog/fulfillment-any-age/201208/the-definitive-guide-guilt.
2. Ibíd.
3. «Y sabemos que a los que aman a Dios, todas las cosas les ayudan a bien, esto es, a los que conforme a su propósito son llamados». Ro.8:28.
4. Ben Cerullo, *Seeing with the Eyes of Faith* [Viendo con los Ojos de la Fe] *Inspiration Ministries*, recuperado el 13 de mayo de 2021, https://inspiration.org/christian-articles/eyes-of-faith/.
5. «Mirad cuál amor nos ha dado el Padre, para que seamos llamados hijos de Dios; por esto el mundo no nos conoce, porque no le conoció a él». 1Jn.3:1
6. «Porque un niño nos es nacido, hijo nos es dado: [...] y se llamará su nombre [...] Padre Eterno». Is.9:6.
7. 2Co.3:18.
8. Gá.5:22–23.
9. Jer.31:3.
10. «¡Fíjense qué gran amor nos ha dado el Padre, que se nos llame hijos de Dios! ¡Y lo somos! El mundo no nos conoce, precisamente porque no lo conoció a él». 1Jn.3:1(NVI).
11. «Y dijo Jehová Dios: He aquí el hombre es como uno de nosotros, sabiendo el bien y el mal; ahora, pues, que no alargue su mano, y tome también del árbol de la vida, y coma, y viva para siempre. Y lo sacó Jehová del huerto del Edén, para que labrase la tierra de que fue tomado. Echó, pues, fuera al hombre, y puso al oriente del huerto de Edén querubines, y una espada encendida que se revolvía por todos lados, para guardar el camino del árbol de la vida». Gn.3:22–24; «Por tanto, como el pecado entró en el mundo por un

hombre, y por el pecado la muerte, así la muerte pasó a todos los hombres, por cuanto todos pecaron». Ro.5:12.

12 «Mas Dios muestra su amor para con nosotros, en que siendo aún pecadores, Cristo murió por nosotros.» Rom.5:8 «Y Él [ese mismo Jesús] es la propiciación (el sacrificio expiatorio) por nuestros pecados, y no solo por los nuestros, sino también por [los pecados de] todo el mundo». 1Jn.2:2 [Traducción literal de *The Amplified Bible*, dicha traducción de la Biblia no se encuentra disponible en español, los corchetes se encuentran en el texto original.]

13 «Dios hace habitar en familia a los desamparados». Sal.68:6.

14 «Así que, según tengamos oportunidad, hagamos bien a todos, y mayormente a los de la familia de la fe». Gá.6:10.

15 «Y si un miembro recibe honra, todos los miembros con él se gozan». 1Co.12:26.

16 «De manera que si un miembro padece, todos los miembros se duelen con él». 1Co.12:26.

17 «Un mandamiento nuevo os doy: Que os améis unos a otros; como yo os he amado, que también os améis unos a otros». Jn.13:34.

18 «No reprendas al anciano, sino exhórtale como a padre; a los más jóvenes, como a hermanos; a las ancianas, como a madres; a las jovencitas, como a hermanas, con toda pureza». 1Ti.5:1-2.

19 «Que los ancianos sean sobrios, serios, prudentes, sanos en la fe, en el amor, en la paciencia. Las ancianas asimismo sean reverentes en su porte; no calumniadoras, no esclavas del vino, maestras del bien; que enseñen a las mujeres jóvenes a amar a sus maridos y a sus hijos, a ser prudentes, castas, cuidadosas de su casa, buenas, sujetas a sus maridos, para que la palabra de Dios no sea blasfemada». Tit.2:2-5.

20 «Y considerémonos unos a otros para estimularnos al amor y a las buenas obras; no dejando de congregarnos [...] sino exhortándonos». Heb.10:24-25.

21 «Vestíos, pues, como escogidos de Dios, santos y amados, de entrañable misericordia, de benignidad, de humildad, de mansedumbre, de paciencia; soportándoos unos a otros, y perdonándoos unos a otros si alguno tuviere queja contra otro. De la manera que Cristo os perdonó, así también hacedlo vosotros». Col.3:12-13.

2 Características Heredadas: Seremos como Él

1 Amy Grant, *Father's Eyes* [Ojos del Padre], *My Father's Eyes* [Los Ojos de Mi Padre], Myrrh Records, publicado en 1979.

2 «No temas, porque yo estoy contigo; no desmayes, porque yo soy tu Dios que te esfuerzo; siempre te ayudaré, siempre te sustentaré con la diestra de mi justicia». Is.41:10.

3 «Te haré entender, y te enseñaré el camino en que debes andar; Sobre ti fijaré mis ojos». Sal.32:8.

4   *Los Hechos de la Vida* - Temporada 1, Episodio 10, *Television of Yore*, [Televisión de Antaño], recuperado el 17 de mayo de 2021, https://www.televisionofyore.com/recaps-of-the-facts-of-life/the-facts-of-life-season-1-episode-10.

5   Ibíd.

6   «La salud mental se refiere a la capacidad de procesar información. La salud emocional, por otro lado, se refiere a su capacidad para expresar sentimientos que se basan en la información que ha procesado». Andrea Herron, *The Emotional and Mental Aspects of Well-Being* [Los aspectos emocionales y mentales del bienestar], WebMD Health Services, recuperado el 17 de mayo de 2021, https://www.webmd-healthservices.com/2017/07/12/the-emotional-and-mental-aspects-of-well-being/.

7   «Sed imitadores de mí, así como yo de Cristo». 1Co.11:1; «El que dice que permanece en él, debe andar como él anduvo». 1Jn.2:6; «Pues para esto fuisteis llamados; porque también Cristo padeció por nosotros, dejándonos ejemplo, para que sigáis sus pisadas». 1P.2:21.

8   Ef.5:1–2.

9   «Porque ejemplo os he dado, para que como yo os he hecho, vosotros también hagáis». Jn.13:15; «Un mandamiento nuevo os doy: Que os améis unos a otros; como yo os he amado, que también os améis unos a otros». Jn.13:34; «Este es mi mandamiento: Que os améis unos a otros, como yo os he amado». Jn.15:12.

10 «Porque un niño nos es nacido, hijo nos es dado, y el principado sobre su hombro; y se llamará su nombre Admirable, Consejero, Dios Fuerte, Padre Eterno, Príncipe de Paz». Is.9:6.

11 Jn.14:9.

12 «Él es la imagen del Dios invisible, el primogénito de toda creación». Col.1:15.

13 «Porque en él habita corporalmente toda la plenitud de la Deidad». Col.2:9.

14 «Porque a los que antes conoció, también los predestinó para que fuesen hechos conformes a la imagen de su Hijo, para que él sea el primogénito entre muchos hermanos». Ro.8:29.

15 «El que no escatimó ni a su propio Hijo, sino que lo entregó por todos nosotros, ¿cómo no nos dará también con él todas las cosas?». Ro.8:32.

16 «Bendito sea el Dios y Padre de nuestro Señor Jesucristo, que nos bendijo con toda bendición espiritual en los lugares celestiales en Cristo, según nos escogió en él antes de la fundación del mundo, para que fuésemos santos y sin mancha delante de él, en amor habiéndonos predestinado para ser adoptados hijos suyos por medio de Jesucristo, según el puro afecto de su voluntad, para alabanza de la gloria de su gracia, con la cual nos hizo aceptos en el Amado». Ef.1:3–6.

17 «Él le dijo: ¿Qué quieres? Ella le dijo: Ordena que en tu reino se sienten estos dos hijos míos, el uno a tu derecha, y el otro a tu izquierda. [...] y el que quiera ser el primero entre

	vosotros será vuestro siervo; como el Hijo del Hombre no vino para ser servido, sino para servir, y para dar su vida en rescate por muchos». Mt.20:21,27-28.
18	«Pues si yo, el Señor y el Maestro, he lavado vuestros pies, vosotros también debéis lavaros los pies los unos a los otros. Porque ejemplo os he dado, para que como yo os he hecho, vosotros también hagáis». Jn.13:14-15.
19	«Un mandamiento nuevo os doy: Que os améis unos a otros; como yo os he amado, que también os améis unos a otros». Jn.13:34.
20	«Pues para esto fuisteis llamados; porque también Cristo padeció por nosotros, dejándonos ejemplo, para que sigáis sus pisadas; el cual no hizo pecado, ni se halló engaño en su boca; quien cuando le maldecían, no respondía con maldición; cuando padecía, no amenazaba, sino encomendaba la causa al que juzga justamente». 1P.2:21-23.
21	«El que dice que permanece en él [Cristo], debe andar como él anduvo». 1Jn.2:6.
22	«En esto hemos conocido el amor, en que él puso su vida por nosotros; también nosotros debemos poner nuestras vidas por los hermanos». 1Jn.3:16.
23	1Co.11:1.
24	«Y andad en amor, como también Cristo nos amó». Ef.5:2; «...soportándoos unos a otros, y perdonándoos unos a otros si alguno tuviere queja contra otro. De la manera que Cristo os perdonó, así también hacedlo vosotros». Col.3:13.
25	«Reconoce asimismo en tu corazón, que como castiga el hombre a su hijo, así Jehová tu Dios te castiga». Dt.8:5.
26	«Toda la Escritura es inspirada por Dios, y útil para enseñar, para redargüir, para corregir, para instruir en justicia, a fin de que el hombre de Dios sea perfecto, enteramente preparado para toda buena obra». 2Ti.3:16-17.
27	Ibíd.
28	«Además, hemos tenido padres terrenales que nos disciplinaron y nos sometimos [a ellos] y los respetamos [por habernos formado]. ¿No deberíamos someternos mucho más alegremente a la Ley de los espíritus y vivir así [verdaderamente]? Porque [nuestros padres terrenales] nos disciplinaron sólo por un corto período de tiempo y nos castigaron como les pareció apropiado y bueno; pero Él nos disciplina para nuestro bien seguro, para que lleguemos a ser partícipes de su propia santidad». Heb.12:9-10 [Traducción literal de *The Amplified Bible,* dicha traducción de la Biblia no se encuentra disponible en español; corchetes en el original.]
29	Ibíd.
30	«Porque Jehová al que ama castiga, Como el padre al hijo a quien quiere». Pr.3:12.
31	«Y si alguno de vosotros tiene falta de sabiduría, pídala a Dios, el cual da a todos abundantemente y sin reproche, y le será dada». Stgo.1:5.
32	«Jehová dijo así: El cielo es mi trono, y la tierra estrado de mis pies». Is.66:1; «...ni por la tierra, porque es el estrado de sus pies». Mt.5:35.

33   «Y no sólo esto, sino que también nos gloriamos en las tribulaciones, sabiendo que la tribulación produce paciencia; y la paciencia, prueba; y la prueba, esperanza; y la esperanza no avergüenza; porque el amor de Dios ha sido derramado en nuestros corazones por el Espíritu Santo que nos fue dado». Ro.5:3-5.
34   Ibíd.
35   «Hermanos míos, tened por sumo gozo cuando os halléis en diversas pruebas, sabiendo que la prueba de vuestra fe produce paciencia. Mas tenga la paciencia su obra completa, para que seáis perfectos y cabales, sin que os falte cosa alguna». Stgo.1:2-4.
36   «Mas el fruto del Espíritu es amor, gozo, paz, paciencia, benignidad, bondad, fe, mansedumbre, templanza; contra tales cosas no hay ley». Gá.5:22-23.
37   «Bendito sea el Dios y Padre de nuestro Señor Jesucristo, que nos bendijo con toda bendición espiritual en los lugares celestiales en Cristo, según nos escogió en él antes de la fundación del mundo, para que fuésemos santos y sin mancha delante de él, en amor habiéndonos predestinado para ser adoptados hijos suyos por medio de Jesucristo, según el puro afecto de su voluntad, para alabanza de la gloria de su gracia, con la cual nos hizo aceptos en el Amado». Ef.1:3-6.
38   «Por tanto, nosotros todos, mirando a cara descubierta como en un espejo la gloria del Señor, somos transformados de gloria en gloria en la misma imagen, como por el Espíritu del Señor». 2Co.3:18.

3 Amor Incondicional: Él lo Ama con un Amor Eterno
1   Meg Meeker, *Padres Fuertes, Hijas Fuertes: 10 Secretos Que Todo Padre Debería Conocer*, citando a Oswald Chambers (Nueva York: Ballantine Books, 2007), 59.
2   James Dobson, *Bringing Up Girls: Shaping the Next Generation of Women* [Cómo Educar a las Niñas: Formando a la Próxima Generación de Mujeres] (Carol Stream, IL: Tyndale Momentum, 2010).
3   Ibíd, 19, citando a John y Stasi Eldredge, *Captivating: Unveiling the Mystery of a Woman's Soul* [Cautivador: Descubriendo el Misterio del Alma de una Mujer], (Nashville: Thomas Nelson, 2005), 46.
4   «Padre de huérfanos [...] Es Dios en su santa morada». Sal.68:5.
5   «Se complace Jehová en los que le temen, y en los que esperan en su misericordia». Sal.147:11; «Porque Jehová tiene contentamiento en su pueblo; hermoseará a los humildes con la salvación». Sal.149:4.
6   «¡Contempla, eres hermosa, mi amor! ¡Mira que eres hermosa! Tienes ojos de paloma». Cant.1:15 (AMP); «[Exclamó] ¡Oh, mi amor, qué hermosa eres! ¡No hay ningún defecto en ti!». Cant.4:7 (AMP; corchetes en el original). [Traducción literal de *The Amplified Bible,* dicha traducción de la Biblia no se encuentra disponible en español.]

7   «Jehová se manifestó a mí hace ya mucho tiempo, diciendo: Con amor eterno te he amado; por tanto, te prolongué mi misericordia». Jer.31:3.
8   1Jn.3:1 (NVI).
9   «El Señor no tarda en cumplir su promesa, según entienden algunos la tardanza. Más bien, él tiene paciencia con ustedes, porque no quiere que nadie perezca, sino que todos se arrepientan». 2P.3:9 (NVI).
10 «No temas, pues no serás confundida; y no te avergüences, porque no serás afrentada, sino que te olvidarás de la vergüenza de tu juventud, y de la afrenta de tu viudez no tendrás más memoria». Is.54:4.
11 «Y sabemos que a los que aman a Dios, todas las cosas les ayudan a bien, esto es, a los que conforme a su propósito son llamados». Ro.8:28.
12 «Porque de tal manera amó Dios al mundo, que ha dado a su Hijo unigénito, para que todo aquel que en él cree, no se pierda, mas tenga vida eterna». Jn.3:16.
13 «¡Fíjense qué gran amor nos ha dado el Padre, que se nos llame hijos de Dios! ¡Y lo somos! El mundo no nos conoce, precisamente porque no lo conoció a él». 1Jn.3:1 (NVI).
14 «Mas a todos los que le recibieron, a los que creen en su nombre, les dio potestad de ser hechos hijos de Dios». Jn.1:12.
15 «Y si hijos, también herederos; herederos de Dios y coherederos con Cristo, si es que padecemos juntamente con él, para que juntamente con él seamos glorificados». Ro.8:17.
16 «La gloria que me diste, yo les he dado, para que sean uno, así como nosotros somos uno». Jn.17:22.
17 «Porque ya conocéis la gracia de nuestro Señor Jesucristo, que por amor a vosotros se hizo pobre, siendo rico, para que vosotros con su pobreza fueseis enriquecidos». 2Co.8:9.
18 «En estos postreros días nos ha hablado por el Hijo, a quien constituyó heredero de todo, y por quien asimismo hizo el universo». Heb.1:2.
19 «Para una herencia incorruptible, incontaminada e inmarcesible, reservada en los cielos para vosotros». 1P.1:4.
20 «Estoy maravillado de que tan pronto os hayáis alejado del que os llamó por la gracia de Cristo, para seguir un evangelio diferente». Gá.1:6.
21 «Y este es su mandamiento: Que creamos en el nombre de su Hijo Jesucristo, y nos amemos unos a otros como nos lo ha mandado. Y el que guarda sus mandamientos, permanece en Dios, y Dios en él. Y en esto sabemos que él permanece en nosotros, por el Espíritu que nos ha dado». 1Jn.3:23–24.
22 «Porque él conoce nuestra condición; se acuerda de que somos polvo». Sal.103:14.
23 «Oh Jehová, tú me has examinado y conocido. Tú has conocido mi sentarme y mi levantarme; has escudriñado mi andar y mi reposo, y todos mis caminos te son conocidos. Pues aún no está la palabra en mi lengua, y he aquí, oh Jehová, tú la sabes toda». Sal.139:1–4.

4 Religión versus Cristianismo: Cómo Vivimos la Diferencia

1. *Religion vs. Christianity* [Religión vs. Cristianismo], *The Church on the Corner* [La Iglesia de la Esquina], recuperado el 17 de mayo de 2021, https://churchonthecorner.us/questions-on-faith/religion-vs-christianity/.
2. Mike Mazzalongo, *What Other Religions Teach About Salvation* [Lo que Otras Religiones Enseñan sobre la Salvación], Bible Talk, recuperado el 17 de mayo de 2021, https://bibletalk.tv/what-other-religions-teach-about-salvation.
3. *What is the meaning of: merging with Brahman after Moksha?* [¿Cuál es el significado de: fusionarse con Brahman después de Moksha?] *Hinduism Stack Exchange*, recuperado el 17 de mayo de 2021, https://hinduism.stackexchange.com/questions/37754/what-is-the-meaning-of-merging-with-brahman-after-moksha.
4. Hinduismo, Fundación Wikimedia, recuperado el 17 de mayo de 2021, https://en.wikipedia.org/wiki/Hinduism.
5. Ibíd.
6. Mike Mazzalongo, *What Other Religions Teach* [Lo que Enseñan Otras Religiones].
7. «Porque por gracia sois salvos por medio de la fe; y esto no de vosotros, pues es don de Dios; no por obras, para que nadie se gloríe». Ef.2:8–9.
8. Jn.3:16.
9. «Y por medio de él reconciliar consigo todas las cosas, así las que están en la tierra como las que están en los cielos, haciendo la paz mediante la sangre de su cruz. Y a vosotros también, que erais en otro tiempo extraños y enemigos en vuestra mente, haciendo malas obras, ahora os ha reconciliado en su cuerpo de carne, por medio de la muerte, para presentaros santos y sin mancha e irreprensibles delante de él; si en verdad permanecéis fundados y firmes en la fe, y sin moveros de la esperanza del evangelio que habéis oído, el cual se predica en toda la creación que está debajo del cielo; del cual yo Pablo fui hecho ministro». Col.1:20–23.
10. «Y amarás al Señor tu Dios con todo tu corazón, y con toda tu alma, y con toda tu mente y con todas tus fuerzas. Este es el principal mandamiento». Mt.22:37 y Mar.12:30; «Amarás al Señor tu Dios con todo tu corazón, y con toda tu alma, y con todas tus fuerzas, y con toda tu mente; y a tu prójimo como a ti mismo». Lc.10:27.
11. «Y amarás a Jehová tu Dios de todo tu corazón, y de toda tu alma, y con todas tus fuerzas». Dt.6:5.
12. Dt.6:3.
13. «Por cuya voluntad somos santificados mediante la ofrenda del cuerpo de Jesucristo una vez por todas». Comentario MacArthur del Nuevo Testamento sobre Mateo 6 y citando Heb.10:10, citado en *Is Fasting a Command?* [¿Ayunar es un Mandamiento?], *Grace to You*, recuperado el 7 de mayo de 2021, https://www.gty.org/library/bibleqnas-library/QA0151/is-fasting-a-command.

14 «Y lloraron y lamentaron y ayunaron hasta la noche, por Saúl y por Jonatán su hijo, por el pueblo de Jehová y por la casa de Israel, porque habían caído a filo de espada». 2Sm.1:12; «Cuando oí estas palabras me senté y lloré, e hice duelo por algunos días, y ayuné y oré delante del Dios de los cielos». Neh.1:4.

15 «Ministrando éstos al Señor, y ayunando, dijo el Espíritu Santo: Apartadme a Bernabé y a Saulo para la obra a que los he llamado. Entonces, habiendo ayunado y orado, les impusieron las manos y los despidieron». Hch.13:2-3; «Y constituyeron ancianos en cada iglesia, y habiendo orado con ayunos, los encomendaron al Señor en quien habían creído». Hch.14:23.

16 «Ve y reúne a todos los judíos que se hallan en Susa, y ayunad por mí, y no comáis ni bebáis en tres días, noche y día; yo también con mis doncellas ayunaré igualmente, y entonces entraré a ver al rey, aunque no sea conforme a la ley; y si perezco, que perezca». Est.4:16.

17 «Y él estuvo allí con Jehová cuarenta días y cuarenta noches; no comió pan, ni bebió agua; y escribió en tablas las palabras del pacto, los diez mandamientos». Éx.34:28.

18 «Y volví mi rostro a Dios el Señor, buscándole en oración y ruego, en ayuno, cilicio y ceniza. Y oré a Jehová mi Dios e hice confesión diciendo: Ahora, Señor, Dios grande, digno de ser temido, que guardas el pacto y la misericordia con los que te aman y guardan tus mandamientos; hemos pecado, hemos cometido iniquidad, hemos hecho impíamente, y hemos sido rebeldes, y nos hemos apartado de tus mandamientos y de tus ordenanzas. [...] Oh Señor, conforme a todos tus actos de justicia, apártese ahora tu ira y tu furor de sobre tu ciudad Jerusalén, tu santo monte; porque a causa de nuestros pecados, y por la maldad de nuestros padres, Jerusalén y tu pueblo son el oprobio de todos en derredor nuestro. Ahora pues, Dios nuestro, oye la oración de tu siervo, y sus ruegos; y haz que tu rostro resplandezca sobre tu santuario asolado, por amor del Señor. Inclina, oh Dios mío, tu oído, y oye; abre tus ojos, y mira nuestras desolaciones, y la ciudad sobre la cual es invocado tu nombre; porque no elevamos nuestros ruegos ante ti confiados en nuestras justicias, sino en tus muchas misericordias. Oye, Señor; oh Señor, perdona; presta oído, Señor, y hazlo; no tardes, por amor de ti mismo, Dios mío; porque tu nombre es invocado sobre tu ciudad y sobre tu pueblo». Dn.9:3–5,16–19.

19 *Grace to You, Is Fasting a Command?* [Gracia a Ti, ¿El Ayuno es un Mandamiento?].

20 William B. Coker Sr., *Words of Endearment: The Ten Commandments as a Revelation of God's Love* [Palabras de Agradecimiento: Los Diez Mandamientos como Revelación del Amor de Dios], (sermontobook.com, 2020), 235.

21 Ibíd.

22 «¿Por qué, dicen, ayunamos, y no hiciste caso; humillamos nuestras almas, y no te diste por entendido? He aquí que en el día de vuestro ayuno buscáis vuestro propio gusto, y oprimís a todos vuestros trabajadores. He aquí que para contiendas y debates ayunáis y

para herir con el puño inicuamente; no ayunéis como hoy, para que vuestra voz sea oída en lo alto. ¿Es tal el ayuno que yo escogí, que de día aflija el hombre su alma, que incline su cabeza como junco, y haga cama de cilicio y de ceniza? ¿Llamaréis esto ayuno, y día agradable a Jehová?». Is.58:3-5.

23   Is.58:4.

24   «A unos que confiaban en sí mismos como justos, y menospreciaban a los otros, dijo también esta parábola: Dos hombres subieron al templo a orar: uno era fariseo, y el otro publicano. El fariseo, puesto en pie, oraba consigo mismo de esta manera: Dios, te doy gracias porque no soy como los otros hombres, ladrones, injustos, adúlteros, ni aun como este publicano; ayuno dos veces a la semana, doy diezmos de todo lo que gano. Mas el publicano, estando lejos, no quería ni aun alzar los ojos al cielo, sino que se golpeaba el pecho, diciendo: Dios, sé propicio a mí, pecador. Os digo que éste descendió a su casa justificado antes que el otro; porque cualquiera que se enaltece, será humillado; y el que se humilla será enaltecido». Lc.18:9-14.

25   «El fariseo, puesto en pie, oraba consigo mismo de esta manera: Dios, te doy gracias porque no soy como los otros hombres, ladrones, injustos, adúlteros, ni aun como este publicano». Lc.18:11.

26   «Ayuno dos veces a la semana, doy diezmos de todo lo que gano». Lc.18:12.

27   «Mas el publicano, estando lejos, no quería ni aun alzar los ojos al cielo, sino que se golpeaba el pecho, diciendo: Dios, sé propicio a mí, pecador». Lc.18:13.

28   "«Os digo que este descendió a su casa justificado antes que el otro; porque cualquiera que se enaltece, será humillado; y el que se humilla será enaltecido». Lc.18:14.

29   «No dejando de congregarnos, como algunos tienen por costumbre, sino exhortándonos; y tanto más, cuanto veis que aquel día se acerca». Heb.10:25.

30   «Traed todos los diezmos al alfolí y haya alimento en mi casa; y probadme ahora en esto, dice Jehová de los ejércitos, si no os abriré las ventanas de los cielos, y derramaré sobre vosotros bendición hasta que sobreabunde». Mal.3:10.

31   «Y el segundo es semejante: Amarás a tu prójimo como a ti mismo». Mt.22:39.

32   «Toda injusticia es pecado; pero hay pecado no de muerte». 1Jn.5:17.

33   «Porque el gozo de Jehová es vuestra fuerza». Neh.8:10.

34   Jay Payleitner, *52 Things Daughters Need From Their Dads: What Fathers Can Do to Build a Lasting Relationship* [52 Cosas que las Hijas Necesitan de Sus Padres: Lo que los Padres Pueden Hacer para Construir una Relación Duradera], (Eugene, OR: *Harvest House Publishers*, 2013), 91.

35   Meeker, *Padres Fuertes, Hijas Felices*, 193.

36   Ibíd.

37   «Ninguno puede venir a mí, si el Padre que me envió no le trajere; y yo le resucitaré en el día postrero.» Jn.6:44.

38 Curt Dodd, «God Draws Us to Himself [Dios Nos Atrae a Sí Mismo], Ministerios *Higher Aim*, recuperado el 18 de mayo de 2021 https://higheraim.org/2020/03/16/god-draws-us-to-himself/.
39 «Toda la Escritura es inspirada por Dios, y útil para enseñar, para redargüir, para corregir, para instruir en justicia, a fin de que el hombre de Dios sea perfecto, enteramente preparado para toda buena obra». 2Ti.3:16–17.
40 «Sin embargo, no les digo más que la verdad cuando digo que es provechoso (bueno, conveniente, ventajoso) para ustedes que me vaya. Porque si no me voy, el Consolador (Consejero, Ayudante, Abogado, Intercesor, Fortalecedor, Encargado) no vendrá a ustedes [en estrecha comunión con ustedes]; pero si me voy, lo enviaré a ustedes [para estar en estrecha comunión con ustedes]. Y cuando Él venga, convencerá y convencerá al mundo y le demostrará sobre el pecado y sobre la justicia (rectitud de corazón y posición correcta con Dios) y sobre el juicio». Jn.16:7–8. [Traducción literal de *The Amplified Bible*, dicha traducción de la Biblia no se encuentra disponible en español, (corchetes en el original).]
41 Meeker, *Padres Fuertes, Hijas Felices*, 178.
42 Ibíd.
43 Ibíd.
44 Ibíd, citando a Christian Smith con Melinda Lundquist Denton, *Soul Searching: The Religious and Spiritual Lives of American Teenagers* [La Búsqueda del Alma: Las Vidas Religiosas y Espirituales de los Adolescentes Americanos], (New York: Oxford University Press, 2005), 218–64.
45 Ibíd, citando a Christian Smith con Melinda Lundquist Denton, *Soul Searching: The Religious and Spiritual Lives of American Teenagers* (La Búsqueda del Alma: Las Vidas Religiosas y Espirituales de los Adolescentes Americanos), (New York: Oxford University Press, 2005), 151–152.
46 Ibíd, citando a Christian Smith con Melinda Lundquist Denton, *Soul Searching: The Religious and Spiritual Lives of American Teenagers* (La Búsqueda del Alma: Las Vidas Religiosas y Espirituales de los Adolescentes Americanos), (New York: Oxford University Press, 2005), 153.

5 Figura de Autoridad: Él es la Fuente de Nuestro Apoyo y Guía

1 «Si, pues, coméis o bebéis, o hacéis otra cosa, hacedlo todo para la gloria de Dios». 1Co.10:31.
2 Meeker, *Padres Fuertes, Hijas Felices*, 38.
3 Meeker, *Padres Fuertes, Hijas Felices*, 38-39.
4 Jer.32:27.
5 1Cr.29:11.
6 Job42:2.

7   «Venid a mí todos los que estáis trabajados y cargados, y yo os haré descansar». Mt.11:28.
8   «Humillaos, pues, bajo la poderosa mano de Dios, para que él os exalte cuando fuere tiempo; echando toda vuestra ansiedad sobre él, porque él tiene cuidado de vosotros». 1P.5:6-7.
9   «Por nada estéis afanosos, sino sean conocidas vuestras peticiones delante de Dios en toda oración y ruego, con acción de gracias. Y la paz de Dios, que sobrepasa todo entendimiento, guardará vuestros corazones y vuestros pensamientos en Cristo Jesús». Fil.4:6-7.
10 Jer.18:1-6.
11 Is.64:8.
12 «Fíate de Jehová de todo tu corazón, y no te apoyes en tu propia prudencia. Reconócelo en todos tus caminos, y él enderezará tus veredas. No seas sabio en tu propia opinión; teme a Jehová, y apártate del mal»; Pr.3:5-7.

6 Límites: La Amorosa Fuente de Seguridad de Dios
1   Meeker, *Padres Fuertes, Hijas Felices*, 208.
2   Ibíd.
3   Coker, *Words of Endearment* [Palabras de Agradecimiento], 234.
4   Coker, *Words of Endearment* [Palabras de Agradecimiento], 11-12, 232-233.
5   Coker, *Words of Endearment* [Palabras de Agradecimiento], 24-25, 186.
6   Coker, *Words of Endearment* [Palabras de Agradecimiento], 170.
7   Ibíd.
8   «Y uno de ellos [fariseos], intérprete de la ley, preguntó por tentarle, diciendo: Maestro, ¿cuál es el gran mandamiento en la ley? Jesús le dijo: Amarás al Señor tu Dios con todo tu corazón, y con toda tu alma, y con toda tu mente. Este es el primero y grande mandamiento. Y el segundo es semejante: Amarás a tu prójimo como a ti mismo. De estos dos mandamientos depende toda la ley y los profetas». Mt.22:35-40; vea también Mar.12:28-31.
9   Coker, *Words of Endearment* [Palabras de Agradecimiento], 170.
10 Mt.5:3-7:27.

7 Más Allá de los Límites: La Protección de Dios
1   2Ts.3:3 (NVI).
2   Cerullo, *Seeing with the Eyes of Faith* [Ver con los ojos de la fe].
3   «Para que seáis hijos de vuestro Padre que está en los cielos, que hace salir su sol sobre malos y buenos, y que hace llover sobre justos e injustos». Mt.5:45.
4   Coker, *Words of Endearment* [Palabras de Agradecimiento], 132.
5   Jn.10:28-30.

6   Ro.8:35-39.
7   «Esforzaos y cobrad ánimo; no temáis, ni tengáis miedo de ellos, porque Jehová tu Dios es el que va contigo; no te dejará, ni te desamparará». Dt.31:6.
8   «No temas, porque yo estoy contigo; no desmayes, porque yo soy tu Dios que te esfuerzo; siempre te ayudaré, siempre te sustentaré con la diestra de mi justicia». Is.41:10.
9   «Dios es nuestro amparo y fortaleza, Nuestro pronto auxilio en las tribulaciones». Sal.46:1.
10 «No temas, pues no serás confundida; y no te avergüences, porque no serás afrentada, sino que te olvidarás de la vergüenza de tu juventud, y de la afrenta de tu viudez no tendrás más memoria». Is.54:4.
11 Barbara Hughes, *Where Was God? Spiritual Questions of Sexually Abused Children* [¿Dónde estaba Dios? Preguntas Espirituales de Niños Abusados Sexualmente], *Center for Children and Theology* [Centro para Niños y Teología], recuperado el 16 de febrero de 2021, https://cctheo.org/occasional-papers/where-was-god-spiritual-questions-sexually-abused-children.
12 Ibíd.
13 Ibíd.
14 «Y sabemos que a los que aman a Dios, todas las cosas les ayudan a bien, esto es, a los que conforme a su propósito son llamados». Ro.8:28.
15 «Del cual yo Pablo fui hecho ministro. Ahora me gozo en lo que padezco por vosotros, y cumplo en mi carne lo que falta de las aflicciones de Cristo por su cuerpo, que es la iglesia». Col.1:23-24.
16 «A fin de conocerle, y el poder de su resurrección, y la participación de sus padecimientos, llegando a ser semejante a él en su muerte». Fil.3:10.
17 «Si en alguna manera llegase a la resurrección de entre los muertos». Fil.3:11.
18 «Guárdame, oh Jehová, de manos del impío; Líbrame de hombres injuriosos, que han pensado trastornar mis pasos». Sal.140:4.
19 «Que estamos atribulados en todo, mas no angustiados; en apuros, mas no desesperados; perseguidos, mas no desamparados; derribados, pero no destruidos». 2Co.4:8-9.
20 «Dios es nuestro amparo y fortaleza, Nuestro pronto auxilio en las tribulaciones». Sal.46:1.
21 «Por tanto, no temeremos, aunque la tierra sea removida, y se traspasen los montes al corazón del mar». Sal.46:2.
22 «Si anduviere yo en medio de la angustia, tú me vivificarás; contra la ira de mis enemigos extenderás tu mano, y me salvará tu diestra». Sal.138:7.
23 «Líbrame de mis enemigos, oh Dios mío; ponme a salvo de los que se levantan contra mí». Sal.59:1.
24 «Por la opresión de los pobres, por el gemido de los menesterosos. Ahora me levantaré,

dice Jehová; pondré en salvo al que por ello suspira». Sal.12:5.
25 Sal.34:19.
26 «Pero alégrense todos los que en ti confían; den voces de júbilo para siempre, porque tú los defiendes; en ti se regocijen los que aman tu nombre». Sal.5:11.
27 Sal.118:24.
28 «Estad siempre gozosos. Orad sin cesar. Dad gracias en todo, porque esta es la voluntad de Dios para con vosotros en Cristo Jesús». 1Tes.5:16–18.

8 Un Lugar de Seguridad: Dios es un Refugio
1 *Gateway Worship*, *The More I Seek You* [Cuanto Más Te Busco], con Melissa Loose, *The First 10 Years Collection*, publicado en 2013.
2 «Pero alégrense todos los que en ti confían; den voces de júbilo para siempre, porque tú los defiendes; en ti se regocijen los que aman tu nombre». Sal.5:11; «Pero que se alegren todos los que se refugian y ponen su confianza en Ti: Que siempre canten y griten de alegría, porque Tú los cubres y los defiendes; que también los que aman Tu nombre se alegren en Ti y estén animados». [Traducción literal de *The Amplified Bible*, dicha traducción de la Biblia no se encuentra disponible en español.]
3 «Jehová Dios mío, en ti he confiado; sálvame de todos los que me persiguen, y líbrame». Sal.7:1; «Oh Señor, Dios mío, en ti me refugio y pongo mi confianza; sálvame de todos los que me persiguen y me libran». [Traducción literal de *The Amplified Bible*, dicha traducción de la Biblia no se encuentra disponible en español.]
4 «Esperad en él en todo tiempo, oh pueblos; derramad delante de él vuestro corazón; Dios es nuestro refugio. Selah». Sal.62:8.
5 «Pero yo cantaré de tu poder, Y alabaré de mañana tu misericordia; Porque has sido mi amparo y refugio en el día de mi angustia.». Sal.59:16. David escribió esto después de descubrir que Saúl buscaba matarlo y huyó.
6 Éx.33:19–23 (NVI).
7 Éx.33:21 (NVI).
8 Francis J. Crosby, *He Hideth My Soul* [Él Esconde Mi Alma], *Timeless Truths*, recuperado el 24 de mayo de 2021 https://library.timelesstruths.org/music/He_Hideth_My_Soul/.
9 «Después apartaré mi mano, y verás mis espaldas; mas no se verá mi rostro». Éx.33:23
10 «Quitado este, les levantó por rey a David, de quien dio también testimonio diciendo: He hallado a David hijo de Isaí, varón conforme a mi corazón, quien hará todo lo que yo quiero». Hch.13:22.
11 «En Dios está mi salvación y mi gloria; en Dios está mi roca fuerte, y mi refugio. Esperad en él en todo tiempo, oh pueblos; derramad delante de él vuestro corazón; Dios es nuestro refugio. *Selah*». Sal.62:7–8.

12 «Invocaré a Jehová, quien es digno de ser alabado, y seré salvo de mis enemigos». 2Sm.22:4.

13 «Porque ha inclinado a mí su oído; por tanto, le invocaré en todos mis días». Sal.116:2.

14 «Y conoció de nuevo Adán a su mujer, la cual dio a luz un hijo, y llamó su nombre Set: Porque Dios (dijo ella) me ha sustituido otro hijo en lugar de Abel, a quien mató Caín. Y a Set también le nació un hijo, y llamó su nombre Enós. Entonces los hombres comenzaron a invocar el nombre de Jehová». Gn.4:25–26.

15 «Invocaré a Jehová, quien es digno de ser alabado, y seré salvo de mis enemigos». 2Sm. 22:4; «...y edificó allí altar a Jehová, e invocó el nombre de Jehová». Gn.12:8; «Alabad a Jehová, invocad su nombre, dad a conocer en los pueblos sus obras». 1Cr.16:8; «Alabad a Jehová, invocad su nombre; dad a conocer sus obras en los pueblos». Sal.105:1; «E invócame en el día de la angustia; te libraré, y tú me honrarás». Sal.50:15; «Ten misericordia de mí, oh Jehová; porque a ti clamo todo el día». Sal.86:3; «porque todo aquel que invocare el nombre del Señor, será salvo». Ro.10:13.

16 Sal.34:15,17.

17 «Huye también de las pasiones juveniles, y sigue la justicia, la fe, el amor y la paz, con los que de corazón limpio invocan al Señor». 2Ti.2:22.

18 «¿No tienen discernimiento todos los que hacen iniquidad, que devoran a mi pueblo como si comiesen pan, ya Jehová no invocan?». Sal.14:4; vea también Sal.53:4.

19 «Derrama tu ira sobre las naciones que no te conocen, y sobre los reinos que no invocan tu nombre». Sal.79:6.

20 «'Refugio' en los Salmos», *BibleMesh*, recuperado el 18 de mayo de 2021, https://biblemesh.com/blog/refuge-in-the-psalms/.

21 Ibíd.

22 Ibíd.

23 «Porque la sangre de los toros y de los machos cabríos no puede quitar los pecados. [...] Y ciertamente todo sacerdote está día tras día ministrando y ofreciendo muchas veces los mismos sacrificios, que nunca pueden quitar los pecados». Heb.10:4,11

24 «Pero Cristo, habiendo ofrecido una vez para siempre un solo sacrificio por los pecados, se ha sentado a la diestra de Dios. [. . .] Añade: Y nunca más me acordaré de sus pecados y transgresiones. Pues donde hay remisión de éstos, no hay más ofrenda por el pecado». Heb.10:12,17–18.

25 «Porque el pecado no se enseñoreará de vosotros; pues no estáis bajo la ley, sino bajo la gracia». Ro.6:14.

26 «Y libertados del pecado, vinisteis a ser siervos de la justicia». Ro.6:18.

27 «Porque cuando erais esclavos del pecado, erais libres acerca de la justicia. ¿Pero qué fruto teníais de aquellas cosas de las cuales ahora os avergonzáis? Porque el fin de ellas es muerte». Ro.6:20–21.

28 «Mas ahora que habéis sido libertados del pecado y hechos siervos de Dios, tenéis por vuestro fruto la santificación, y como fin, la vida eterna». Ro.6:22.

9 De Acuerdo con las Cifras: Somos Más que una Estadística

1 «Cuando tomes el número de los hijos de Israel conforme a la cuenta de ellos, cada uno dará a Jehová el rescate de su persona, cuando los cuentes, para que no haya en ellos mortandad cuando los hayas contado. [. . .] Y tomarás de los hijos de Israel el dinero de las expiaciones, y lo darás para el servicio del tabernáculo de reunión; y será por memorial a los hijos de Israel delante de Jehová, para hacer expiación por vuestras personas». Éx.30:12,16.

2 «Y dijo David a Joab y a los príncipes del pueblo: Id, haced censo de Israel desde Beerseba hasta Dan, e informadme sobre el número de ellos para que yo lo sepa.[...] Salió, por tanto, Joab, y recorrió todo Israel, y volvió a Jerusalén y dio la cuenta del número del pueblo a David. Y había en todo Israel un millón cien mil que sacaban espada, y de Judá cuatrocientos setenta mil hombres que sacaban espada». 1Cr.21:2,5.

3 Mike Aquilina, *How the Bible Reveals the Tensions and Intentions Behind the Census* [Cómo Revela la Biblia las Tensiones e Intenciones Detrás del Censo], Angelus, recuperado el 18 de mayo de 2021, https://angelusnews.com/faith/how-the-bible-reveals-the-tensions-and-intentions-behind-the-census/#.

4 Rick Phillips, *Why was David's Census a Great Sin?* [¿Por qué el censo de David fue un Gran Pecado?], *Tenth Presbyterian Church* [Décima Iglesia Presbiteriana], recuperado el 18 de mayo de 2021, https://www.tenth.org/resource-library/articles/why-was-davids-census-a-great-sin/.

5 *Why Did God Discipline David After He Took the Census?* [¿Por Qué Disciplinó Dios a David Después de Hacer el Censo?], Never Thirsty, recuperado el 18 de mayo de 2021, https://neverthirsty.org/bible-qa/qa-archives/question/why-did-god-discipline-david-after-he-took-the-census/.

6 «Ya no hay judío ni griego; no hay esclavo ni libre; no hay varón ni mujer; porque todos vosotros sois uno en Cristo Jesús». Gá.3:28.

7 La Oficina del Censo de Estados Unidos, Encuesta de Población Actual, "Arreglos de vida de los niños menores de 18 años/1 y estado civil de los padres por edad, sexo, raza y orientación hispana/2 y características seleccionadas del niño para todos los niños 2010", tabla C3, publicada en Internet en noviembre de 2010, citada en *The Extent of Fatherlessness* [El Alcance de la Ausencia de un Padre], Fathers.com, recuperado el 18 de mayo de 2021, https://fathers.com/statistics-and-research/the-extent-of-fatherlessness/.

8 *The Consequences of Fatherlessness,* (Las Consecuencias de la Ausencia de un Padre) Fathers.com, recuperado el 18 de mayo de 2021, https:// fathers.com/statistics-and-re-

search/the-consequences-of-fatherlessness/.
9   Ibíd, citando a la Oficina del Censo de los Estados Unidos, Arreglos y características de la vida de los niños: Marzo de 2011, Tabla C8. Washington D.C.: 2011.
10 Ibíd, citando al Departamento de Salud y Servicios Humanos de los Estados Unidos; Informe de ASEP: Información sobre estadísticas de pobreza e ingresos. 12 de septiembre de 2012 http://aspe.hhs.gov/ hsp/12/PovertyAndIncomeEst/ib.shtml.
11 Ibíd, citando al Departamento de Salud y Servicios Humanos de los Estados Unidos. Centro Nacional de Estadísticas de Salud. Encuesta sobre la salud infantil. Washington, DC, 1993.
12 Ibíd, citando *The Lancet,* 25 de enero de 2003 • Dra. Gunilla Ringbäck Weitoft, Centro de Epidemiología [Revista de Medicina General), Junta Nacional de Salud y Bienestar, Estocolmo, Suecia • Irwin Sandler, PhD, profesor de psicología y director del Centro de Investigación en Prevención, Universidad Estatal de Arizona, Tempe • Dr. Douglas G. Jacobs, profesor clínico asociado de psiquiatría de la Facultad de Medicina de Harvard y fundador y director del Programa Nacional de Detección de la Depresión • Madelyn Gould, Doctora, Master en Salud Pública, profesora de psiquiatría infantil y salud pública del Colegio de Médicos y Cirujanos de la Universidad de Columbia; y científica investigadora del Instituto Psiquiátrico del Estado de Nueva York. http://www.webmd.com/baby/news/20030123/absent-parent-doubles-child-suicide-risk.
13 *Psychology Today* [Psicología Hoy], citado en *Children's Bureau*, «El impacto de un Padre en el Desarrollo del Niño», consultado el 18 de mayo de 2021, https://www.all-4kids.org/news/blog/a-fathers-impact-on-child-development/.
14 Ibíd.
15 Ibíd.
16 Ibíd.
17 Ibíd.
18 Ibíd.
19 Ibíd.
20 «Cada año se hacen más de 3,6 millones de remisiones a los organismos de protección de la infancia que implican a más de 6,6 millones de niños (una remisión puede incluir a varios niños)». *Child Help*, «Estadísticas y Datos sobre el Abuso Infantil», recuperado el 18 de mayo de 2021, https://www.childhelp.org/child-abuse-statistics/.
21 «Aproximadamente uno de cada 10 niños sufrirá abusos sexuales antes de cumplir los 18 años». Catherine Townsend y Alyssa A. Rheingold, «Estimando una tasa de prevalencia de abuso sexual infantil para los profesionales: Una revisión de los estudios de prevalencia del abuso sexual infantil», recuperado de www.D2L.org, (Charleston, S.C.: Darkness to Light, 2013), citado en *Child Sexual Abuse Statistics: The Magnitude of the Problem* [Estadísticas sobre el abuso sexual infantil: la magnitud del proble-

ma], *Darkness to Light*, recuperado el 18 de marzo de 2021, www.d2l.org/wp-content/uploads/2017/01/Statistics_1_Magnitude.pdf.

22 *Child Help*, «Estadísticas de abuso infantil».
23 «Estadísticas de abuso sexual infantil», *Darkness to Light*, citando a J. J. Broman-Fulks et al., «La divulgación de la agresión sexual en relación con la salud mental de los adolescentes: Resultados de la Encuesta Nacional de Adolescentes». *Journal of Clinical Child and Adolescent Psychology* [Revista de Psicología Clínica Infantil y Adolescente], 36(2007):260-266; D. G. Kilpatrick et al., «Violencia y riesgo de TEPT, depresión mayor, abuso/dependencia de sustancias y de comorbilidad: Resultados de la Encuesta Nacional de Adolescentes». *Journal of Consulting and Clinical Psychology* [Revista de Psicología Clínica Infantil y Adolescente], 71 (2003): 692-700; D. Finkelhoretal., «La victimización de niños y jóvenes conocida por los funcionarios escolares, policiales y médicos en una muestra nacional de niños y jóvenes», Boletín de Justicia Juvenil, No. NCJ235394, (Washington, DC: Departamento de Justicia de los Estados Unidos, Oficina de Justicia Juvenil y Prevención de la Delincuencia); B. E. Saunders et al., «Prevalencia, características de los casos y correlatos psicológicos a largo plazo de la violación de niños entre las mujeres: Un estudio nacional»; B. E. Saunders et al. *Child Maltreatment* [Maltrato Infantil], 4(1999):187-200; J. Grayson, «El maltrato y sus efectos en el desarrollo temprano del cerebro», Boletín de Protección Infantil de Virginia, 77 (2006): 1-16; R. Leeb, T. Lewis y A. J. Zolotor, «Un análisis de las consecuencias para la salud física y mental del maltrato y la negligencia infantil y sus implicaciones para la práctica». *American Joumal of Lifestyle Medicine* [Revista Americana de Medicina sobre el Estilo de Vida], 5, No. 5 (2011): 454-468; W. N. Friedrich et al., «Inventario de Conducta Sexual Infantil: Comparaciones normativas, psiquiátricas y de abuso sexual», *Child Maltreatment* (Maltrato Infantil) (2001):6,37-49; S. V. McLeer et al., «Psicopatología en niños abusados sexualmente no referidos clínicamente», *Journal of the American Academy of Child and Adolescent Psychiatry* [Revista de la Academia Americana de Psiquiatría Infantil y Adolescente], 37 (1998): 1326-1333; J. G. Noll, C. E. Shenk, y K. T. Putnam, «Abuso sexual en la infancia y embarazo en la adolescencia: Una actualización metaanalítica», *Journal of Pediatric Psychology* [Revista de Psicología Pediátrica], 34 (2009): 366-378; E. Olafson, «Abuso sexual infantil: demografía, impacto e intervenciones», *Journal of Child & Adolescent Trauma* [Revista de Trauma Infantil y Adolescente], 4, no. 1 (2011):8-21; V. L. Banyard, L. M. Williams, y J. A. Siegel, «Las consecuencias a largo plazo para la salud mental del abuso sexual infantil: Un estudio exploratorio del impacto de múltiples traumas en una muestra de mujeres», *Journal of Traumatic Stress* [Revista de Estrés Traumático], 14 (2001): 697-715; P. Lanier et al., «Maltrato infantil y resultados de salud pediátrica: Un estudio longitudinal de niños de bajos ingresos», *Journal of Pediatric Psychology*

[Revista de Psicología Pediátrica], 35, no. 5 (2010):511–522; E. S. Mullers y M. Dowling, «Consecuencias para la salud mental del abuso sexual infantil», *British Journal of Nursing* [Revista Británica de Enfermería], 17, no. 22 (2008):1428–1433; M.D. De Bellis, E. G. Spratt, y S. R. Hooper, 2011). «Biología del neurodesarrollo asociada a los abusos sexuales en la infancia», *Journal of Child Sexual Abuse* [Revista de Abuso Sexual Infantil], 20, no. 5 (2011):548–587; E. Cohen, B. Groves, y K. Kracke, «Comprendiendo la exposición de los niños a la violencia», *The Safe Start Center Series on Children Exposed to Violence* [Serie del Centro Safe Start sobre niños expuestos a la violencia], 1(2009):1–8; J. Tebbutt et al., «Cinco años después del abuso sexual infantil: Disfunción persistente y problemas de predicción», *Journal of the American Academy of Child & Adolescent Psychiatry* [Revista de la Academia Americana de Psiquiatría Infantil y Adolescente], 36(1997): 330–339.

24 «Estadísticas de abuso sexual infantil», *Darkness to Light*, citando a B. E. Saunders et al., «Prevalencia, características de los casos y correlación psicológica a largo plazo de la violación de niños entre las mujeres: Una encuesta nacional», *Child Maltreatment* [Maltrato Infantil], 4(1999):187–200; V. L. Banyard, L. M. Williams, y J. A. Siegel, «Las consecuencias a largo plazo para la salud mental del abuso sexual infantil: Un estudio exploratorio del impacto de múltiples traumas en una muestra de mujeres», *Journal of Traumatic Stress* [Revista de Estrés Traumático], 14 (2001): 697–715; B. E. Molnar, S. L. Buka, y R. C. Kessler, «Abuso sexual infantil y psicopatología posterior: Resultados de la Encuesta Nacional de Comorbilidad», *American Journal of Public Health* [Revista Americana de Salud Pública], 91(2001):753–760; M. A. Polusny y V. M. Follette, «Correlatos a largo plazo del abuso sexual infantil: historia y revisión de la literatura empírica», *Applied and Preventive Psychology* [Psicología Aplicada y Preventiva], 4 (1995):143–166; M. S. Young et al., «La relación entre el abuso sexual en la infancia y la salud mental en la edad adulta entre los estudiantes universitarios: El género de la víctima no importa», *Journal of Interpersonal Violence* [Revista de Violencia Interpersonal], 22(2007):1315–1331.

25 Ef.3:20.

26 «Y Jehová respondió a Samuel: No mires a su parecer, ni a lo grande de su estatura, porque yo lo desecho; porque Jehová no mira lo que mira el hombre; pues el hombre mira lo que está delante de sus ojos, pero Jehová mira el corazón». 1Sm.16:7.

27 «Oh Jehová, tú me has examinado y conocido. Tú has conocido mi sentarme y mi levantarme; has entendido desde lejos mis pensamientos. Has escudriñado mi andar y mi reposo, y todos mis caminos te son conocidos. Pues aún no está la palabra en mi lengua, y he aquí, oh Jehová, tú la sabes toda. Detrás y delante me rodeaste, y sobre mí pusiste tu mano. Tal conocimiento es demasiado maravilloso para mí; Alto es, no lo puedo comprender». Sal.139:1–6.

28 «Te alabaré; porque formidables, maravillosas son tus obras; estoy maravillado, y mi alma lo sabe muy bien». Sal.139:14.

29 «La traducción literal de esta frase, lo más parecida posible, sería: 'Me distinguen las cosas temibles', es decir, las cosas de mi creación que son adecuadas para inspirar temor. Me distinguen entre tus obras cosas que tienden a exaltar mis ideas de Dios, y a llenar mi alma de sentimientos reverentes y devotos. [Fue hecho diferente de los objetos inanimados y de la creación bruta; fue hecho «así», en toda la estructura de su estructura, como para llenar la mente de asombro. *Barnes' Notes on the Bible*, citado en «Comentarios sobre el Salmo 139:14», Bible Hub, recuperado el 19 de mayo de 2021, https://biblehub.com/com- mentaries/psalms/139-14.htm.

30 «Porque somos hechura suya, creados en Cristo Jesús para buenas obras, las cuales Dios preparó de antemano para que anduviésemos en ellas». Ef.2:10.

31 «Según nos escogió en él antes de la fundación del mundo, para que fuésemos santos y sin mancha delante de él». Ef.1:4.

32 «Jehová está en medio de ti, poderoso, Él salvará; se gozará sobre ti con alegría, callará de amor, se regocijará sobre ti con cánticos». Sof.3:17.

33 Sof.3:17 [Traducción literal de *The Amplified Bible*, dicha traducción de la Biblia no se encuentra disponible en español; corchetes en el original.]

34 «De modo que si alguno está en Cristo, nueva criatura es; las cosas viejas pasaron; he aquí todas son hechas nuevas. Y todo esto proviene de Dios, quien nos reconcilió consigo mismo por Cristo, y nos dio el ministerio de la reconciliación; que Dios estaba en Cristo reconciliando consigo al mundo, no tomándoles en cuenta a los hombres sus pecados, y nos encargó a nosotros la palabra de la reconciliación». 2Co.5:17–19.

35 «Mirad cuál amor nos ha dado el Padre, para que seamos llamados hijos de Dios; por esto el mundo no nos conoce, porque no le conoció a él». 1Jn.3:1.

36 «Mas a todos los que le recibieron, a los que creen en su nombre, les dio potestad de ser hechos hijos de Dios; los cuales no son engendrados de sangre, ni de voluntad de carne, ni de voluntad de varón, sino de Dios». Jn.1:12–13.

37 «[Oh] hermanos amados por Dios, reconocemos y sabemos que Él ha seleccionado (elegido) a ustedes». 1Tes.1:4 [Traducción literal de *The Amplified Bible*, dicha traducción de la Biblia no se encuentra disponible en español; corchetes en el original.]

38 «Ninguno puede venir a mí, si el Padre que me envió no le trajere; y yo le resucitaré en el día postrero». Jn.6:44.

39 «Y a vosotros, estando muertos en pecados y en la incircuncisión de vuestra carne, os dio vida juntamente con él, perdonándoos todos los pecados». Col.2:13; «Si confesamos nuestros pecados, él es fiel y justo para perdonar nuestros pecados, y limpiarnos de toda maldad». 1Jn.1:9.

40 «Ahora, pues, ninguna condenación hay para los que están en Cristo Jesús, los que no andan conforme a la carne, sino conforme al Espíritu». Ro.8:1.

41 «Jehová dijo así: El cielo es mi trono, y la tierra estrado de mis pies». Is.66:1; «Ni por la tierra, porque es el estrado de sus pies; ni por Jerusalén, porque es la ciudad del gran Rey». Mt.5:35.

42 «Sé vivir humildemente, y sé tener abundancia; en todo y por todo estoy enseñado, así para estar saciado como para tener hambre, así para tener abundancia como para padecer necesidad. Todo lo puedo en Cristo que me fortalece». Fil.4:12–13.

43 «Para que seáis hijos de vuestro Padre que está en los cielos, que hace salir su sol sobre malos y buenos, y que hace llover sobre justos e injustos». Mt.5:45.

44 «¿Quién nos separará del amor de Cristo? ¿Tribulación, o angustia, o persecución, o hambre, o desnudez, o peligro, o espada?». Ro.8:35.

45 Ibíd.

46 Ro.8:37.

47 «¿No sabéis que sois templo de Dios, y que el Espíritu de Dios mora en vosotros?». 1Co.3:16.

48 «Mas el Consolador, el Espíritu Santo, a quien el Padre enviará en mi nombre, él os enseñará todas las cosas, y os recordará todo lo que yo os he dicho». Jn.14:26.

49 «Antes bien, como está escrito: Cosas que ojo no vio, ni oído oyó, ni han subido en corazón de hombre, son las que Dios ha preparado para los que le aman. Pero Dios nos las reveló a nosotros por el Espíritu; porque el Espíritu todo lo escudriña, aun lo profundo de Dios. [...] Y nosotros no hemos recibido el espíritu del mundo, sino el Espíritu que proviene de Dios, para que sepamos lo que Dios nos ha concedido». 1Co.2:9–10,12.

50 «Vosotros también, como piedras vivas, sed edificados como casa espiritual y sacerdocio santo, para ofrecer sacrificios espirituales aceptables a Dios por medio de Jesucristo. [...] Mas vosotros sois linaje escogido, real sacerdocio, nación santa, pueblo adquirido por Dios, para que anunciéis las virtudes de aquel que os llamó de las tinieblas a su luz admirable». 1P.2:5,9.

51 «¿Qué Significa 1 Pedro 2:9?» Knowing-Jesus.com, recuperado el 19 de mayo de 2021, https://dailyverse.knowing-jesus.com/1-peter-2-9.

52 «Acerquémonos, pues, confiadamente al trono de la gracia, para alcanzar misericordia y hallar gracia para el oportuno socorro». Heb.4:16.

10 Imagen Propia: ¿Qué Ve en el Espejo?

1 «Fomentando una Imagen Positiva de Uno Mismo», Clínica Cleveland, recuperado el 19 de mayo de 2021, https://my.clevelandclinic.org/health/articles/12942-fostering-a-positive-self-image.

2 «Jesucristo es el mismo ayer, y hoy, y por los siglos». Heb.13:8.

3   «Fomentando una Imagen Positiva de Uno Mismo», Clínica Cleveland, recuperado el 19 de mayo de 2021, https://my.clevelandclinic.org/health/articles/12942-fostering-a-positive-self-image.

4   Ibíd.

5   *The Mountain State Centers for Independent Living* [Centros para la Vida Independiente de Mountain State], citado en Courtney Ackerman, «¿Qué es la Imagen Propia y Cómo la Mejoramos? Definition + Quotes», PositivePsychology.com, recuperado el 19 de mayo de 2021, https://positivepsychology.com/self-image/.

6   My.clevelandclinic.org, «Fomentando una Imagen Positiva de Uno Mismo».

7   PositivePsychology.com, «¿Qué es la Imagen Propia?».

8   My.clevelandclinic.org, «Fomentando una Imagen Positiva de Uno Mismo».

9   Ibíd.

10 «Jesucristo es el mismo ayer, y hoy, y por los siglos». Heb.13:8.

11 «Así dijo Jehová: No se alabe el sabio en su sabiduría, ni en su valentía se alabe el valiente, ni el rico se alabe en sus riquezas». Jer.9:23.

12 «Mas alábese en esto el que se hubiere de alabar: en entenderme y conocerme, que yo soy Jehová, que hago misericordia, juicio y justicia en la tierra; porque estas cosas quiero, dice Jehová». Jer.9:24.

13 «Sin embargo, si quisiera gloriarme, no sería insensato, porque diría la verdad; pero lo dejo, para que nadie piense de mí más de lo que en mí ve, u oye de mí». 2Co.12:6.

14 «Por lo cual, por amor a Cristo me gozo en las debilidades, en afrentas, en necesidades, en persecuciones, en angustias; porque cuando soy débil, entonces soy fuerte». 2Co.12:10.

15 2Co.12:7.

16 «Respecto a lo cual tres veces he rogado al Señor, que lo quite de mí». 2Co.12:8.

17 2Co.12:9.

18 Ibíd, «Por tanto, de buena gana me gloriaré más bien en mis debilidades, para que repose sobre mí el poder de Cristo».

19 «Hermanos, yo mismo no pretendo haberlo ya alcanzado; pero una cosa hago: olvidando ciertamente lo que queda atrás, y extendiéndome a lo que está delante, prosigo a la meta, al premio del supremo llamamiento de Dios en Cristo Jesús». Fil.3:13–14.

20 «[Porque mi propósito decidido es] que pueda conocerlo [que pueda progresivamente llegar a conocerlo más profunda e íntimamente, percibiendo y reconociendo y descifrando las maravillas de su persona con más fuerza y más claramente], y que pueda de la misma manera llegar a conocer el poder que fluye de su resurrección [que ejerce sobre los creyentes], y que pueda compartir sus sufrimientos de tal manera que sea continuamente transformado [en espíritu a su semejanza incluso] a su muerte, [en la esperanza]». Fil.3:10 [Traducción literal de *The Amplified Bible*, dicha traducción de la Biblia no se encuentra disponible en español; corchetes en el original.]

21 Fil.3:3. [Traducción literal de *The Amplified Bible*, dicha traducción de la Biblia no se encuentra disponible en español; corchetes en el original.]
22 «Yo soy Jehová tu Dios, que te hice subir de la tierra de Egipto; abre tu boca, y yo la llenaré». Sal.81:10.
23 1Sm.16:7.
24 «Por tanto, nosotros todos, mirando a cara descubierta como en un espejo la gloria del Señor, somos transformados de gloria en gloria en la misma imagen, como por el Espíritu del Señor». 2Co.3:18.
25 Mark Shultz, *Father's Eyes* [Los Ojos del Padre], *Come Alive, Word Entertainment* LLC, A Warner/Curb Company, publicado en 2009.

11 Aceptación: No Necesitamos Luchar para Ser Parte de la Familia

1 Dobson, *Criando Niñas*, 21.
2 Oficina de Censos de EE.UU, citado «Lo Que es Una Familia», Consejo Nacional de Relaciones Familiares, recuperado el 19 de mayo de 2021, https://.ncfr.org/ncfr-report/past-issues/summer-2014/ what-family.
3 Dana A. Costache, «¿Qué Hace una Familia? No es el Certificado de Matrimonio», Thrive Global, recuperado el 19 de mayo de 2021, https://thriveglobal.com/stories/what-makes-a-family.
4 Consejo Nacional de Relaciones Familiares, «Lo Que es Una Familia».
5 Ibíd.
6 «¿Qué Hace a una Familia?», Centro Nacional para el Aprendizaje Familiar [NCFL, por sus siglas en inglés], recuperado el 19 de mayo de 2021, https://wonderopolis.org/wonder/what-makes-a-family.
7 Costache, *¿Qué Hace a Una Familia?*
8 Costache, *¿Qué Hace a Una Familia?*
9 «Problemas de la Familia Adoptiva», Academia Americana de Psiquiatría Infantil y Adolescente, publicado el 19 de mayo de 2021, https://www.aacap.org/aacap/families_and_youth/facts_for_families/fffguide/stepfamily-problems-027.aspx.
10 Ibíd.
11 «Por tanto, nosotros también, teniendo en derredor nuestro tan grande nube de testigos, despojémonos de todo peso y del pecado que nos asedia, y corramos con paciencia la carrera que tenemos por delante». Heb.12:1.
12 «Pues no habéis recibido el espíritu de esclavitud para estar otra vez en temor, sino que habéis recibido el espíritu de adopción, por el cual clamamos: ¡Abba, Padre! El Espíritu mismo da testimonio a nuestro espíritu, de que somos hijos de Dios». Ro.8:15–16.
13 «Así que ya no sois extranjeros ni advenedizos, sino conciudadanos de los santos, y miembros de la familia de Dios». Ef.2:19.

14 «Dios hace habitar en familia a los Desamparados». Sal.68:6.
15 «Así que, según tengamos oportunidad, hagamos bien a todos, y mayormente a los de la familia de la fe». Gá.6:10.
16 «Y si un miembro recibe honra, todos los miembros con él se gozan». 1Co.12:26.
17 «De manera que si un miembro padece, todos los miembros se duelen con él». 1Co.12:26.
18 Brooke Krebill, Desencadenado: Libérese Cambiando su Historia Interior (2021), 20-21.
19 «Habiendo zarpado de Pafos, Pablo y sus compañeros arribaron a Perge de Panfilia; pero Juan, apartándose de ellos, volvió a Jerusalén». Hch.13:13.
20 «Y Bernabé quería que llevasen consigo a Juan, el que tenía por sobrenombre Marcos». Hch.15:37.
21 «Pero a Pablo no le parecía bien llevar consigo al que se había apartado de ellos desde Panfilia, y no había ido con ellos a la obra. Y hubo tal desacuerdo entre ellos, que se separaron el uno del otro; Bernabé, tomando a Marcos, navegó a Chipre». Hch.15:38-39.
22 «Vestíos, pues, como escogidos de Dios, santos y amados, de entrañable misericordia, de benignidad, de humildad, de mansedumbre, de paciencia; soportándoos unos a otros, y perdonándoos unos a otros si alguno tuviere queja contra otro. De la manera que Cristo os perdonó, así también hacedlo vosotros». Col.3:12-13.
23 «Sólo Lucas está conmigo. Toma a Marcos y tráele contigo, porque me es útil para el ministerio». 2Ti.4:11.
24 «¿No tenemos derecho de traer con nosotros una hermana por mujer como también los otros apóstoles, y los hermanos del Señor, y Cefas? ¿O sólo yo y Bernabé no tenemos derecho de no trabajar?». 1Co.9:5-6.
25 «No reprendas al anciano, sino exhórtale como a padre; a los más jóvenes, como a hermanos; a las ancianas, como a madres; a las jovencitas, como a hermanas, con toda pureza». 1Ti.5:1-2.
26 «Que los ancianos sean sobrios, serios, prudentes, sanos en la fe, en el amor, en la paciencia. Las ancianas asimismo sean reverentes en su porte; no calumniadoras, no esclavas del vino, maestras del bien; que enseñen a las mujeres jóvenes a amar a sus maridos y a sus hijos, a ser prudentes, castas, cuidadosas de su casa, buenas, sujetas a sus maridos, para que la palabra de Dios no sea blasfemada». Tit.2:2-5.
27 «Y considerémonos unos a otros para estimularnos al amor y a las buenas obras; no dejando de congregarnos [...] sino exhortándonos». Heb.10:24-25.

12 Identidad: Él Le Da Un Nombre
1 Myles Munroe, *El Principio de la Paternidad: El diseño y el destino de Dios para cada hombre*, (New Kensington, Whitaker House, 2008), 81.

2   Ap.22:13.
3   «Jesucristo es el mismo ayer, y hoy, y por los siglos». Heb.13:8.
4   Carry Underwood, *Last Name* [Apellido], *Carnival Ride*, Universal Music Publishing Group; publicado el 23 de octubre de 2007, https://www.azlyrics.com/lyrics/carrieunderwood/last-name.html.
5   Alan Jackson, *I Don't Even Know Your Name* [Ni Siquiera Sé Tu Nombre], *Who I Am* Arista Records, publicado el 12 de enero de 1994, http://www.azlyrics.com/lyrics/alan-jackson/idontevenknowyour-name.html.
6   Dirks Bentley, *My Last Name* [Mi Apellido], *Dierks Bentley*, Capitol Nashville, publicado el 20 de octubre de 2003, https://en.wikipedia.org/wiki/My_Last_Name.
7   «Dijo Moisés a Dios: He aquí que llego yo a los hijos de Israel, y les digo: El Dios de vuestros padres me ha enviado a vosotros. Si ellos me preguntaren: ¿Cuál es su nombre?, ¿qué les responderé? Y respondió Dios a Moisés: YO SOY EL QUE SOY. Y dijo: Así dirás a los hijos de Israel: YO SOY me envió a vosotros». Ex.3:13–14.
8   «Entonces alzó Abraham sus ojos y miró, y he aquí a sus espaldas un carnero trabado en un zarzal por sus cuernos; y fue Abraham y tomó el carnero, y lo ofreció en holocausto en lugar de su hijo. Y llamó Abraham el nombre de aquel lugar, Jehová proveerá. Por tanto se dice hoy: En el monte de Jehová será provisto». Gn.22:13–14.
9   «Y dijo: Si oyeres atentamente la voz de Jehová tu Dios, e hicieres lo recto delante de sus ojos, y dieres oído a sus mandamientos, y guardares todos sus estatutos, ninguna enfermedad de las que envié a los egipcios te enviaré a ti; porque yo soy Jehová tu sanador». Ex.15:26.
10 «Y Moisés edificó un altar, y llamó su nombre Jehová-nisi». Ex.17:15.
11 «Tú hablarás a los hijos de Israel, diciendo: En verdad vosotros guardaréis mis días de reposo; porque es señal entre mí y vosotros por vuestras generaciones, para que sepáis que yo soy Jehová que os santifico». Ex.31:13.
12 «Y edificó allí Gedeón altar a Jehová, y lo llamó Jehová-salom; el cual permanece hasta hoy en Ofra de los abiezeritas». Jue.6:24.
13 «Jehová es mi pastor; nada me faltará». Sal.23:1.
14 «En el año que murió el rey Uzías vi yo al Señor sentado sobre un trono alto y sublime, y sus faldas llenaban el templo. Por encima de él había serafines; cada uno tenía seis alas; con dos cubrían sus rostros, con dos cubrían sus pies, y con dos volaban. Y el uno al otro daba voces, diciendo: Santo, santo, santo, Jehová de los ejércitos; toda la tierra está llena de su gloria». Is.6:1–3.
15 «En sus días será salvo Judá, e Israel habitará confiado; y este será su nombre con el cual le llamarán: Jehová, justicia nuestra». Jer.23:6.
16 «Huid de en medio de Babilonia, y librad cada uno su vida, para que no perezcáis a causa de su maldad; porque el tiempo es de venganza de Jehová; le dará su pago». Jer.51:6.

17 «En derredor tendrá dieciocho mil cañas. Y el nombre de la ciudad desde aquel día será Jehová-sama». Ez.48:35.
18 «Él es la imagen del Dios invisible, el primogénito de toda creación». Col.1:15, citado en GodWords (blog), recuperado el 20 de mayo de 2021, http://godwords.org/516/what-does-jesus-mean/.
19 «Por lo cual Dios también le exaltó hasta lo sumo, y le dio un nombre que es sobre todo nombre». Fil.2:9.
20 «Para que en el nombre de Jesús se doble toda rodilla de los que están en los cielos, y en la tierra, y debajo de la tierra; y toda lengua confiese que Jesucristo es el Señor, para gloria de Dios Padre». Fil.2:10–11.
21 Hch.4:12.
22 «Por tanto, id, y haced discípulos a todas las naciones, bautizándolos en el nombre del Padre, y del Hijo, y del Espíritu Santo». Mt.28:19.
23 «Pedro les dijo: Arrepentíos, y bautícese cada uno de vosotros en el nombre de Jesucristo para perdón de los pecados; y recibiréis el don del Espíritu Santo». Hch.2:38.
24 «Por tanto, id, y haced discípulos a todas las naciones, bautizándolos en el nombre del Padre, y del Hijo, y del Espíritu Santo». Mt.28:19; «y les dijo: Así está escrito, y así fue necesario que el Cristo padeciese, y resucitase de los muertos al tercer día; y que se predicase en su nombre el arrepentimiento y el perdón de pecados en todas las naciones, comenzando desde Jerusalén». Lc.24:46–47.
25 «Pedro les dijo: Arrepentíos, y bautícese cada uno de vosotros en el nombre de Jesucristo para perdón de los pecados; y recibiréis el don del Espíritu Santo. Porque para vosotros es la promesa, y para vuestros hijos, y para todos los que están lejos; para cuantos el Señor nuestro Dios llamare. Y con otras muchas palabras testificaba y les exhortaba, diciendo: Sed salvos de esta perversa generación. Así que, los que recibieron su palabra fueron bautizados; y se añadieron aquel día como tres mil personas». Hch.2:38–41; «Pero cuando creyeron a Felipe, que anunciaba el evangelio del reino de Dios y el nombre de Jesucristo, se bautizaban hombres y mujeres». Hch.8:12; «Porque aún no había descendido sobre ninguno de ellos, sino que solamente habían sido bautizados en el nombre de Jesús». Hch.8:16; «Entonces respondió Pedro: ¿Puede acaso alguno impedir el agua, para que no sean bautizados estos que han recibido el Espíritu Santo también como nosotros? Y mandó bautizarles en el nombre del Señor Jesús. Entonces le rogaron que se quedase por algunos días». Hch.10:47–48; «Entonces dijo: ¿En qué, pues, fuisteis bautizados? Ellos dijeron: En el bautismo de Juan. Dijo Pablo: Juan bautizó con bautismo de arrepentimiento, diciendo al pueblo que creyesen en aquel que vendría después de él, esto es, en Jesús el Cristo. Cuando oyeron esto, fueron bautizados en el nombre del Señor Jesús». Hch.19:3–5.

26 En el principio era el Verbo, y el Verbo era con Dios, y el Verbo era Dios. [...] Y aquel Verbo fue hecho carne, y habitó entre nosotros (y vimos su gloria, gloria como del unigénito del Padre), lleno de gracia y de verdad». Jn.1:1,14.

27 «Porque todos los que habéis sido bautizados en Cristo, de Cristo estáis revestidos». Gá.3:27.

13 El Amor Transformador de Dios: Convirtiendo Remordimientos en Acción de Gracias

1 «El Remordimiento», Good Therapy, consultado el 20 de mayo de 2021, https://www.goodtherapy.org/blog/ psychpedia/regret.

2 Ibíd.

3 Ibíd.

4 «Y prendiéndole, le llevaron, y le condujeron a casa del sumo sacerdote. Y Pedro le seguía de lejos». Lc.22:54.

5 «Y habiendo ellos encendido fuego en medio del patio, se sentaron alrededor; y Pedro se sentó también entre ellos. Pero una criada, al verle sentado al fuego, se fijó en él, y dijo: También éste estaba con él. Pero él lo negó, diciendo: Mujer, no lo conozco. Un poco después, viéndole otro, dijo: Tú también eres de ellos. Y Pedro dijo: Hombre, no lo soy. Como una hora después, otro afirmaba, diciendo: Verdaderamente también éste estaba con él, porque es galileo. Y Pedro dijo: Hombre, no sé lo que dices. Y en seguida, mientras él todavía hablaba, el gallo cantó. Entonces, vuelto el Señor, miró a Pedro; y Pedro se acordó de la palabra del Señor, que le había dicho: Antes que el gallo cante, me negarás tres veces». Lc.22:55-61.

6 «Entonces, vuelto el Señor, miró a Pedro; y Pedro se acordó de la palabra del Señor, que le había dicho: Antes que el gallo cante, me negarás tres veces. Y Pedro, saliendo fuera, lloró amargamente». Lc.22:61-62.

7 «Después de esto, Jesús se manifestó otra vez a sus discípulos junto al mar de Tiberias; y se manifestó de esta manera». Jn.21:1.

8 «Cuando hubieron comido, Jesús dijo a Simón Pedro: Simón, hijo de Jonás, ¿me amas más que éstos? Le respondió: Sí, Señor; tú sabes que te amo. Él le dijo: Apacienta mis corderos. Volvió a decirle la segunda vez: Simón, hijo de Jonás, ¿me amas? Pedro le respondió: Sí, Señor; tú sabes que te amo. Le dijo: Pastorea mis ovejas. Le dijo la tercera vez: Simón, hijo de Jonás, ¿me amas? Pedro se entristeció de que le dijese la tercera vez: ¿Me amas? y le respondió: Señor, tú lo sabes todo; tú sabes que te amo. Jesús le dijo: Apacienta mis ovejas». Jn.21:15-17.

9 «Cuando hubieron comido, Jesús dijo a Simón Pedro: Simón, hijo de Jonás, ¿me amas más que éstos? Le respondió: Sí, Señor; tú sabes que te amo. Él le dijo: Apacienta mis corderos. Volvió a decirle la segunda vez: Simón, hijo de Jonás, ¿me amas? Pedro le respondió: Sí, Señor; tú sabes que te amo. Le dijo: Pastorea mis ovejas. Le dijo la tercera vez:

Simón, hijo de Jonás, ¿me amas? Pedro se entristeció de que le dijese la tercera vez: ¿Me amas? y le respondió: Señor, tú lo sabes todo; tú sabes que te amo. Jesús le dijo: Apacienta mis ovejas». Jn.21:15–17.

10 «Vuélveme el gozo de tu salvación, Y espíritu noble me sustente». Sal.51:12.

11 «Sucedió, pues, que cuando llegó José a sus hermanos, ellos quitaron a José su túnica, la túnica de colores que tenía sobre sí; y le tomaron y le echaron en la cisterna; pero la cisterna estaba vacía, no había en ella agua. Y se sentaron a comer pan; y alzando los ojos miraron, y he aquí una compañía de ismaelitas que venía de Galaad, y sus camellos traían aromas, bálsamo y mirra, e iban a llevarlo a Egipto. Entonces Judá dijo a sus hermanos: ¿Qué provecho hay en que matemos a nuestro hermano y encubramos su muerte? Venid, y vendámosle a los ismaelitas, y no sea nuestra mano sobre él; porque él es nuestro hermano, nuestra propia carne. Y sus hermanos convinieron con él. Y cuando pasaban los madianitas mercaderes, sacaron ellos a José de la cisterna, y le trajeron arriba, y le vendieron a los ismaelitas por veinte piezas de plata. Y llevaron a José a Egipto». Gn.37:23–28.

12 «Aconteció que entró él un día en casa para hacer su oficio, y no había nadie de los de casa allí. Y ella lo asió por su ropa, diciendo: Duerme conmigo. Entonces él dejó su ropa en las manos de ella, y huyó y salió. Cuando vio ella que le había dejado su ropa en sus manos, y había huido fuera, llamó a los de casa, y les habló diciendo: Mirad, nos ha traído un hebreo para que hiciese burla de nosotros. Vino él a mí para dormir conmigo, y yo di grandes voces; y viendo que yo alzaba la voz y gritaba, dejó junto a mí su ropa, y huyó y salió. Y ella puso junto a sí la ropa de José, hasta que vino su señor a su casa. Entonces le habló ella las mismas palabras, diciendo: El siervo hebreo que nos trajiste, vino a mí para deshonrarme. Y cuando yo alcé mi voz y grité, él dejó su ropa junto a mí y huyó fuera. Y sucedió que cuando oyó el amo de José las palabras que su mujer le hablaba, diciendo: Así me ha tratado tu siervo, se encendió su furor. Y tomó su amo a José, y lo puso en la cárcel, donde estaban los presos del rey, y estuvo allí en la cárcel». Gn.39:11–20.

13 «El asunto pareció bien a Faraón y a sus siervos, y dijo Faraón a sus siervos: ¿Acaso hallaremos a otro hombre como este, en quien esté el espíritu de Dios? Y dijo Faraón a José: Pues que Dios te ha hecho saber todo esto, no hay entendido ni sabio como tú. Tú estarás sobre mi casa, y por tu palabra se gobernará todo mi pueblo; solamente en el trono seré yo mayor que tú. Dijo además Faraón a José: He aquí yo te he puesto sobre toda la tierra de Egipto. Entonces Faraón quitó su anillo de su mano, y lo puso en la mano de José, y lo hizo vestir de ropas de lino finísimo, y puso un collar de oro en su cuello; y lo hizo subir en su segundo carro, y pregonaron delante de él: ¡Doblad la rodilla!; y lo puso sobre toda la tierra de Egipto». Gn.41:37–43.

14 «Y descendieron los diez hermanos de José a comprar trigo en Egipto». Gn.42:3.

15 «Y se apartó José de ellos, y lloró». Gn.42:24; «Entonces José se apresuró, porque se conmovieron sus entrañas a causa de su hermano, y buscó dónde llorar; y entró en su cámara, y lloró allí». Gn.43:30.
16 Gn.50:19–20.
17 Ro.8:28.
18 «Quítense de vosotros toda amargura, enojo, ira, gritería y maledicencia, y toda malicia». Ef.4:31.
19 «Examíname, oh Dios, y conoce mi corazón; Pruébame y conoce mis pensamientos; y ve si hay en mí camino de perversidad, Y guíame en el camino eterno». Sal.139:23–24.
20 Fil.4:6–7.
21 Fil.3:13.
22 Helen Howarth Lemmel, *Turn Your Eyes Upon Jesus* [Vuelva Sus Ojos a Jesús], Hymnary.org, Recuperado el 24 de mayo de 2021, https://hymnary.org/text/o_soul_are_you_weary_and_troubled.
23 Ro.15:13.